财商养成

书包中的
经济学

Economics in schoolbags

李毅 刘金石 袁正

编著

西南财经大学出版社

中国·成都

图书在版编目(CIP)数据

财商养成.书包中的经济学/李毅,刘金石,袁正编著.—成都:西南财经大学出版社,2020.5
ISBN 978-7-5504-3868-2

Ⅰ.①财… Ⅱ.①李… ②刘…③袁… Ⅲ.①财务管理—中小学—课外读物 Ⅳ.①G634.983

中国版本图书馆 CIP 数据核字(2020)第 069558 号

财商养成:书包中的经济学

CAISHANG YANGCHENG;SHUBAOZHONG DE JINGJIXUE

李毅 刘金石 袁正 编著

总 策 划	李玉斗
策划编辑	王正好 何春梅
责任编辑	周晓琬
助理编辑	肖翀
封面设计	摘星辰·Diou
责任印制	朱曼丽

出版发行	西南财经大学出版社(四川省成都市光华村街 55 号)
网 址	http://www.bookcj.com
电子邮件	bookcj@foxmail.com
邮政编码	610074
电 话	028-87353785
照 排	四川胜翔数码印务设计有限公司
印 刷	四川五洲彩印有限责任公司
成品尺寸	165mm×230mm
印 张	9.75
字 数	118 千字
版 次	2020 年 5 月第 1 版
印 次	2020 年 5 月第 1 次印刷
书 号	ISBN 978-7-5504-3868-2
定 价	48.00 元

再版前言

《书包中的经济学》一书出版后，得到了很多学生和家长的肯定和喜欢，这让笔者感到非常欣慰，说明笔者的努力没有白费，也说明本书确实对培养和提高学生的财商有所启示和帮助。这也是我们再版本书的重要原因和动力。

正如笔者在第一版中所说的那样，我们团队是第一次针对中小学生写作财经读物，所以书中还存在很多不足。图书出版后，我们收到很多读者反馈的意见和一些中肯的建议，在此表示感谢。

此次再版，我们针对第一版的问题和不足做了如下修订：

一、根据书中的内容和经济学的知识，把书中的故事分成了四个部分：第一部分，经济学基本原理；第二部分，微观经济；第三部分，宏观经济；第四部分，货币与金融。

二、删除了个别故事，也增加了一些故事，并根据经济学的内容和逻辑对故事的顺序做了新的编排。

三、在每个故事后面增加了【财商启示】和【术语小百科】栏目，使读者可以更好地理解相关概念和其背后的经济学原理。

四、对书中涉及的数据做了更新，对文字也做了一些梳理，让读者可以更好地阅读本书，并了解最新的资讯。

本书的第一版是由西南财经大学的李毅、刘金石和袁正三位老师共同完成的。本次修订主要由李毅完成。我们希望读者有更好的阅读体验，在了解经济学知识的基础上得到启示，并享受经济学带来的乐趣。

编　者

2020 年 3 月

目　录

第一部分　经济学基本原理

1

第二部分　微观经济

第三部分　宏观经济

第四部分　货币与金融

第一部分

经济学基本原理

这一单元主要介绍经济学的基本原理和基本概念，这些原理和概念适用于所有经济学领域。

1. 奇怪的高尔夫球

一位运动员、一位心理学家和一位经济学家决定一起去打一场高尔夫球。不巧的是，他们三人刚好排在了两个打得很慢、很业余的人后面，这两个人只有一个球童。打到第六洞时，三人开始大声抱怨并要求前面两个人打快一点。运动员说："他们真应该好好练习练习再来打球。"心理学家说："他们一定是喜欢打慢球。"经济学家却说："我真的不想花这么多时间来打一场高尔夫球。"打到第九洞时，心理学家忍受不了这样的节奏，走到球童面前要求自己先打。球童说"好"，但接着又解释说，那两个人是盲人，是从消防队退休下来的，他们是因为在一场大火中救人而变成盲人的，希望心理学家等三人不要太大声抱怨。运动员被感动了，他说："我真是不该嫌他们打得慢。"心理学家也感动了，他说："我受过良好的教育，要帮助他人，我不该因两个盲人打球慢而抱怨。"经济学家踌躇了一下，然后走到球童身后说："下一次可否让他们在晚上来打球？"

财商启示

上面的故事让我们看到经济学家思考问题的角度和方式是不同的。经济学家思考问题时，首先考虑的是效率。什么是效率呢？简单地说就是要让资源得到有效利用，不能有浪费和闲置。当运动员、心理学家和经济学家在等前面两个人打球的时候，运动员和心理学家在埋怨，但经济学家认为这是浪费时间。当得知两人是消防英雄时，运动员和心理学家在悔恨，经济学家却提出了建议，希望消防英雄选择在晚上来打球，这样就能使资源得到更充分的利用。

经济学中的"效率"是指让有限的资源得到充分和有效的利用来满足人们和社会的需要，也可以更直观地认为是在付出一定经济成本后所能实现的经济收益的大小，经济收益越大，经济效率越高。

比如暑假的时候，小红和小明在家长的鼓励下，准备尝试一下创业。小红投入了50元的成本买了100份报纸进行销售，获得了100元的收益。而小明投入了50元的成本购买了一些做冰粉的原材料，最后卖出了50份冰粉，获得了300元的收益。那么你说谁的经济效率更高呢？

4

2. 稀缺与选择

苏格拉底是古希腊伟大的哲学家，有一次几个学生向苏格拉底请教人生的真谛。

当时正好是秋季果子成熟的时候，于是苏格拉底把学生们带到一片果林边，指着前边的果林对学生说："你们顺着这条路，一直走到尽头，选择一枚你们认为最大最好的果子交给我，但是不许走回头路，且你们每人只有一次机会，我将在路的尽头等你们。"

学生们不理解老师为什么会叫他们做这么简单的事，但又不敢质疑，因为在他们眼里，老师是一位圣人，这样做必定有他的道理。

学生们陆续出发，一路上他们都在认真地选择。当他们走到路的尽头的时候，老师已经在那里等候他们了。

"你们是否已经找到自己想要的果子了？"苏格拉底问。

学生们你看看我，我看看你，都不敢回答。

苏格拉底微微一笑，再次问道："怎么了，我的孩子们？你们选到自己满意的那枚果子了吗？"

"老师，请让我再选一次吧。"一个学生不好意思地挠挠头说道，"我刚走进果林，就发现了一枚很大很好的果子，但我还想找一个更大更好的，所以我放弃了，继续往前找，可直到最后我才发现，原来第一次看到的那枚果子才是最大最好的，但已经没法回头了。"

另一个学生紧接着说："我和师兄恰好相反，我走进果林就摘下了一个很大很好的果子，但是后来我才发现，林子里更大更好的果子多得是。老师，请让我再选择一次吧！"

"老师，请让我们再选一次吧！"孩子们一起请求。

"孩子们，人生是没有第二次机会的，人生的真谛就是如此啊！"苏格拉底说道。

我们的时间是有限的，我们的精力是有限的，我们的钱是有限的，我们的机会是有限的，我们生活中的绝大多数资源都是有限的。这在经济学上称为资源的稀缺性。这些资源对我们非常有用，因此我们不得不面临选择的问题：如何让这些有限却有用的资源充分发挥它们的作用。这是经济学面临的基本问题，所以有的经济学家把经济学称为有关"选择"的学科。

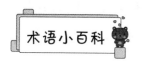

稀缺性指资源的有限性。正是因为资源有限，经济学才要求我们做出最好的选择，让资源得到有效的利用，以实现我们的目标，满足我们的需要。

例如，时间对每位同学来说都是很宝贵的。我们每人每天只有24小时，除了吃饭睡觉，真正能用于学习的时间非常有限。但为什么有的同学成绩就要优秀一些呢？一个重要原因就是这些同学会充分利用有限的时间，来取得更好的成绩。如何有效地利用时间，是用来打游戏，还是学习？是用来预习语文，还是复习数学？这是每位同学需要认真思考的问题。

3. 木碗与宝石——物以稀为贵

从前，有一个穷人家徒四壁，家里唯一能用的就是一只旧木碗。于是，他带着这只旧木碗四处流浪。穷人听说在国外工作比在国内赚得多，就坐上渔船去国外打工。不幸的是，渔船在航行中遇到了特大风浪，被大海吞没了。船上的人几乎都被淹死了。穷人抱着一根大木头才活了下来。穷人被海水冲到一个小岛上，岛上的居民看见穷人的木碗，感到非常新奇，便用岛上的宝石换走了木碗，并把穷人送回了家。一个富翁听说了穷人的奇遇，心中暗想："一只木碗都能换回这么多宝石，如果我送去很多可口的食品，那该换回多少宝贝呀！"富翁装了满满一船山珍海味和美酒，坐船来到岛上。岛上的居民接受了富人送来的礼物，品尝之后赞不绝口，说要送给他最珍贵的东西。富人心中暗自得意，不料一抬头，看见酋长双手捧着的"珍贵礼物"竟然是穷人用过的那只旧木碗！

财商启示

看了这个故事你也许会问："为什么一个普通的木碗可以换那么多宝石呢？在我们看来宝石不是比木碗更贵重吗？"这个问题可以在一句古话"物以稀为贵"中找到答案。生活中，钻石非常稀少，而木碗到处都是，所以钻石的价格远远高于木碗。而在故事中的海岛上，情况却完全相反：钻石数量很多，木碗却从未见过。因此，海岛上木碗的价格远远高于钻石。再举个例来说吧。生活中水比宝石有用得多，人们离开宝石可以生活，但是离开水就活不下去。那么，为什么宝石比水贵得多呢？道理是一样的，即生活中水比较多，而宝石比较少啦！

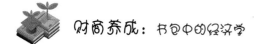

4. 石油真的会用完吗？

这是一堂"经济学原理"选修课。

老师以一个问题开始了这节课："孩子们，据统计，全球石油储量约为 10 000 亿吨，我们现在平均每年用掉约 40 亿吨，那么我们多长时间会把石油用完呢？给大家十秒钟的时间思考。"

十秒钟后，老师问道："是多长时间？"

没有人回答。

老师说："再给大家十秒钟。"结果还是没人答得出。

这时，老师注意到一个孩子，这个孩子眉头紧锁。

于是老师问他："大家都在计算，你为什么不算呢？"

孩子回答道："我在想是否可以少用一点呢？或者再到新的地方多找一点呢？"

孩子的回答让老师满意地笑了。

老师说："你知道吗？这就是你应该学习经济学的原因。现在，我可以告诉大家答案了。答案就是永远也不会用完！"

"为什么呢？"大家不解地问道。

老师笑了笑，又问："如果我有一个大仓库，里面装有很多开心果，你们每个人都可以带朋友来吃。但是有一个要求，你们要把吃完的果壳都留在仓库里。那么什么时候这个仓库里的开心果会被吃得一颗不剩呢？"

刚才那个孩子立即站起来，说："永远也不会。"脸上洋溢着笑容。

为什么不会吃完呢？让我们来分析一下。

最初大家一定会觉得很好，不仅不用花自己的零用钱去买开心果，还可以带着伙伴经常光顾。于是来吃开心果的人越来越多，仓库里的开心果越来越少，而果壳却越来越多了。随着果壳的增加，大家发现开心果越来越难找了。于是，大家开始权衡：是来这儿花很多精力和时间，吃上几颗免费的开心果划算呢？还是直接去商店买划算？

于是，越来越多的人开始去商店购买而不再来这里继续寻找了，因此那些难以寻找的开心果被保存了下来。

这个故事说明：当获取一种商品或资源的成本超过另一种时，人们会自然地选择更经济和节约的方式来达到目的。石油也是如此，当人们开采石油的难度达到一定程度后，另一些能源必然会被选择来取代石油。就像现在，随着石油资源日益减少，人们不断探索和开发新的能源，比如太阳能、核能等。

5. 秀才、木匠和农夫——社会分工

有一天，一个秀才、一个木匠和一个农夫同桌吃饭。木匠和秀才看不起农夫，有意把他晾在一边。木匠对秀才说："我斧来砍，刨来盖，做的桌椅谁不爱？先生你请菜又请菜！"秀才听了很高兴，马上回敬说："我笔来写，纸来盖，做的文章谁不爱？师傅你请菜又请菜！"两人互相恭维，你来我往，好不热闹，把那个农夫孤零零冷落在一旁。农夫越想越生气，站起来大声说："我犁来翻，耙来盖，种出的五谷谁不爱？你敢不吃我的饭，我就敢不吃你的菜！"听农夫这么一说，秀才和木匠知道失礼了，连忙向农夫道歉，请他吃菜。

 10

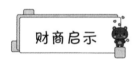

上面的故事告诉我们分工在社会生活中的重要性。大约在18世纪70年代，如果家里的缝衣针坏了，那么你有两种选择：要么自己磨一根，要么去集市买一根。如果想靠自己打磨，辛苦劳作一整天大概也只能造出20根针，按照每天工作10小时来计算的话，你的速度是每半小时打磨一根针。但翻开历史书你就会发现在18世纪的时候，生产针的工人并不是完全依靠自己的力量单独完成生产任务的。当时的工人们发现，团结协作共同生产远比一个人生产要有效率。他们把生产的过程分为许多小工序，每个工人负责其中一部分。在当时的生产技术条件下，通过这样一种劳动分工，10个人1天就

可以制造 48 000 根针，平均每人每天能生产 4 800 根针，这比自己单独生产足足多了 240 倍。

在人类历史上，社会的发展和进步一直伴随着社会分工的进步，我们发现社会越往前发展，分工就越精细。分工协作的思想在我们的日常生活中无处不在。例如我们要举办一场文艺晚会，如果让擅长跳舞的同学去跳舞、擅长唱歌的去唱歌、擅长表达的去当主持人，那么我们就能让每个同学都发挥自己的特长，去做自己擅长和喜欢的事情，我们的工作就一定能够做得更好。

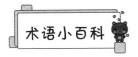

术语小百科

社会分工是指各种社会劳动被划分为不同的行业部门，各个生产者依据社会需要生产不同的产品。社会分工的优势就是让擅长的人做自己擅长的事情，让生产效率显著提高。中国有句古话，"三百六十行，行行出状元"，说的就是这个意思。"三百六十"是一个虚数，指行业类别众多，这说明分工非常细，大家都在自己的专业和行业里做自己擅长的事，并取得好成绩。

6. 看书的成本是什么？——机会成本

如果问大家一个问题："看书的成本是什么？"很多同学都会回答："买书的钱啊。"也许很多同学还会抱怨，现在的书太贵了，便宜的几十元，贵的上百元，成本太高了。

诚然，买书的花费确实是看书读书的重要支出和重要成本，但这就是看书的全部成本了吗？很显然，除了购书的支出以外，看书还有一项重要的成本就是看书的时间。有的同学觉得很奇怪，看书的时间也算成本吗？要理解这个问题，就要弄清经济学中机会成本的概念。

12

机会成本，是为了得到某种东西而放弃了其他的东西，不仅包括付出的金钱、物质资料，还包括为之放弃的其他机会。当然，一般而言，并非所有放弃的都是机会成本，只有被放弃的价值最高的才是机会成本。

所以你买书的钱是你看书的成本，同时，你看书的时候还消耗了大量的时间成本，这些时间如果不用来看书是可以进行其他活动的，比如锻炼身体、学习绘画等。所以看书最大的成本不是购书的钱，而是时间，这就是机会成本。

财商启示

虽然很多人并不懂得机会成本的概念，但是作为一个理性的人，人们在日常生活中所做的选择往往是考虑了机会成本的。比如对于一个学生而言，他可以选择花时间去网吧玩游戏或者在教室学习，去玩游戏的机会成本是在教室学习，而在教室学习的机会成本是放弃在网吧玩游戏所获得的快乐。如果现在面临考试，最好的选择就是在教室学习，因为这个选择的机会成本太大。

术语小百科

机会成本是经济学中一个非常重要的概念，它是指人们在做选择时所放弃的资源在其他用途上可以获得的最大收益。例如，农民在获得一块新的土地时，面临种植什么或者养殖什么的问题。如果选择养猪就不能选择养其他家禽，养猪的机会成本就是放弃养鸡或养鸭等的收益。假设养猪可以获得 9 万元，养鸡可以获得 7 万元，养鸭可以获得 8 万元，那么养猪的机会成本是 8 万元，养鸡的机会成本为 9 万元，养鸭的机会成本也为 9 万元。农民的最终决定就是在这块新获得的土地上养猪，因为养猪给他带来的收益最大。

13

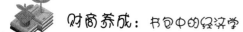

7."覆水难收" ——沉没成本

西汉时期有个读书人朱买臣，家境贫寒，但他仍然坚持读书。几年时间过去了，他的妻子实在受不了贫寒的生活，决定离开他改嫁给另一个家境比较殷实的人。

几年后，朱买臣出人头地，做了太守。当他衣锦还乡时，很多人挤在街道两旁观看，他的前妻也在人群中。当她看到朱买臣穿着官服、戴着官帽，威风凛凛地走过来时，不禁为以前离开他而后悔，便主动上前要求和朱买臣复婚。朱买臣叫随从端来一盆水，泼在地上，对前妻说："泼出去的水，就再也收不回来了。"

14

后来，"覆水难收"比喻一切都已成定局，不能更改。其实，"覆水难收"就是一种沉没成本。

财商启示

举例来说，如果你预订了一张电影票，已经付了票款且不能退票。但当电影演了一半之后你觉得不好看，此时你付的钱已经不能收回，这就是沉没成本。

大多数经济学家认为，如果你是理性的，就不该在做决策时考虑沉没成本。比如在看电影的例子中，可能会有两种结果：第一种是付钱后发觉电影不好看，但忍受着看完。第二种是付钱后发觉电影不好看，退场去做别的事情。

两种情况下你都已经付了钱，所以不应该再考虑钱的事，而应决定是否继续看这部电影。作为一个理性的人，选择把电影看完就意味着要继续受罪，而选择退场无疑是明智的。

不计沉没成本也反映了一种向前看的心态。对于整个人生历程来说，我们以前走的弯路、做的错事、受的挫折，何尝不是沉没成本。过去的就让它过去，总想着那些已经无法改变的事情只能折磨自己。应该承认现实，把已经无法改变的"错"视为昨天经营人生的坏账损失和今天经营人生的沉没成本。

要以全新的面貌去面对未来，这才是一种健康的、快乐的、向前看的人生态度，以这样的态度去面对人生才能轻装上阵，才能获得成功。

术语小百科

沉没成本是指已经发生但无法收回的成本，在我们做决策时不应该考虑这种成本。比如，在考试的时候，你可能花了很多时间去做某一道题，但一直没有做出来。有的同学想继续做，因为已经花了许多时间，不想放弃。但这个想法并不太好，因为前面花的时间属于沉没成本，付出已经无法收回了。最好的选择是重新评估，如果可以很快地做出这道题，那就继续做；如果不行，那就放弃这道题，去做能够很快做出的题。

15

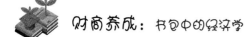

8. 我们为什么会在网上买书？

在现实生活中，我们会发现有许多企业并不在意消费者排队等待的时间。比如，我们买车票需要排队等待，逢年过节时，甚至可能要排一两个小时的队；去交手机费也需要排队等候；上医院看病更是要等很长时间才能轮到自己，有时候甚至要提前好几天预约。

2000 年，美国奎斯特电信公司赔偿消费者 2.7 亿美元，来补偿因延迟安装设备而使消费者等待的时间。也就是说，他们为消费者排队花的时间付了钱。

16

我们的时间是有价值的。假设某个消费者的年收入是 10 万元人民币，她一年工作 2 000 个小时，那么她的时间价值就是每小时 50 元。如果她决定去书店购买一本《红楼梦》，价格是 20 元。那么她需要开车去书店，其间停车、买书、开车来回，总共可能需要 1 个小时，则她买书的成本总共是 50+20＝70（元）。

但是假如她在网上购买，只需要花 6 分钟就能买到这本书，此时时间价值是 5 元（每小时的时间价值是 50 元，相当于每 6 分钟的时间价值是 5 元），加上 20 元书费和 4.5 元邮寄费，她在网上买书的总成本是 29.5 元，比去书店买要便宜 40.5（70－29.5＝40.5）元。

正是因为如此，网上购物才会流行起来。事实上，大多数网上零售商的商业战略都是尽可能地节约消费者的时间，以此来吸引顾客，因为商家知道时间就是价值。

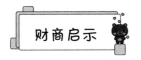

财商启示

我们已经在前面解释过机会成本的概念，而时间也是具有成本的。网络能够在 21 世纪如此发达的原因之一，就是因为它给人们带来了便利，节省了人们的时间。

比如，我们在网上浏览新闻，不但能节省去买报纸的时间，同时还能获得更多更新的消息；我们在网上购物，不但便宜，还能节省我们去店铺购物的时间。

术语小百科

时间价值，或者说时间成本是指时间的经济价值。很多人认为工作的时候时间是有经济价值的，因为工作的时候可以挣到工资，假如工资为每小时 50 元，那么 1 小时工作时间的经济价值就是 50 元。但是，很多人没有意识到，不工作的时间也是有经济价值的。为什么？这就是我们前面讲的机会成本。如果你把本当工作的时间用来打游戏或者玩耍，那么你就放弃了这段时间可以得到的工资回报，你多玩耍 1 小时，就少得到 50 元。所以这段玩耍时间的经济价值也是每小时 50 元。

17

9. 天生我才必有用——比较优势理论

两位朋友甲和乙正在穿越森林，突然发现前面有一只老虎。这时甲赶紧从背包里拿出跑鞋换上，乙看到后轻蔑地说："你以为换上跑鞋就能跑过老虎了？"甲看了看乙，不屑地说："跑不过老虎不要紧，只要能跑得过你就行了！"

虽然这只是一个笑话，但其中蕴含着深刻的经济学道理。英国著名的经济学家大卫·李嘉图创立的比较优势理论就反映了这个道理。那么什么是比较优势理论呢？我们来看一个例子：

假设美国投入 1 个劳动力能生产 5 件衣服，或者 10 件电子产品；而中国同样投入 1 个劳动力能生产 3 件衣服，或者 5 件电子产品。将两者进行对比，无论制衣还是加工电子产品，中国的效率均赶不上美国。这是不是就意味着在国际竞争中，中国的制衣业、电子行业均会被美国同行超越？

让我们来算一下。

在美国，多生产一件衣服必须放弃生产 2 件电子产品。而在中国，多生产一件衣服，只需放弃 5/3 件电子产品。

从中可以看出，美国人生产衣服的机会成本比中国要高，反过来说，美国人生产电子产品的机会成本比中国人要低。聪明的美国人发现，对美国最有利的战略不是凭借技术优势将中国这两个行业挤掉，而是集中生产自己机会成本低的产品，而将机会成本高的产品交给中国去生产，这样做对双方都有好处。

我们接着看：假设中美双方在这两个行业中各投入 10 个劳动力，则美国可以生产出 50 件衣服和 100 件电子产品，中国可以生产出 30 件衣服和 50 件电子产品。两个国家共生产了 80 件衣服和 150 件电子产品。

但是中国的制衣业具有相对的优势，而美国生产电子产品具有相对的优势，如果每个国家都把较多的劳动力投入到自己相对有优势的地方，生产具有比较优势的产品，结果会怎么样呢？

如果美国人将 16 个劳动力投入电子产品，剩下的 4 个劳动力生产衣服，那么美国可以生产 160 件电子产品和 20 件衣服。中国让 20 个劳动力专门生产衣服，而不生产电子产品，则中国可以生产 60 件衣服。现在两国一共可以生产 80 件衣服和 160 件电子产品。

我们看到最后的结果是衣服的总数量不变，而电子产品的数量增加了。如果两国之间进行贸易，中国拿出 30 件衣服去交换美国 55 件电子产品，则美国最后有 50 件衣服和 105 件电子产品，而中国有 30 件衣服和 55 件电子产品。交换后的结果比最初的情况（美国的 50 件衣服和 100 件电子产品；中国的 30 件衣服和 50 件电子产品）对两国来说都变得更好了。这就是比较优势理论。

19

财商启示

比较优势告诉我们：即使你样样都落后于他人，但不要灰心和丧气。请记住：天生我才必有用，因为你总有自己的相对优势。只要你认准了自己的优势，踏踏实实地工作和学习，就会在社会上找到属于你的空间。毕竟现代社会是一个各尽所能、各自有优势、人人有发展空间的社会。

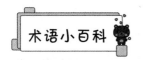

术语小百科

比较优势是指每个经济主体用自己具有的相对优势，或者说机会成本比较低的方式进行生产和决策。这种思想从古到今都一直被运用。我国古代田忌赛马的故事也反映了比较优势原理。田忌一方有上、中、下三个等级的马，每个等级的马的质量都劣于齐王的马。但是，田忌用完全没有优势的下马对付齐王有完全优势的上马，用拥有比较优势的上马对付齐王的中马，再用拥有比较优势的中马对付齐王的下马，结果田忌两胜一负赢得比赛。

20

10. 贸易可以让每个人生活得更好

　　正如文字和车轮一样，贸易被认为是人类最伟大的发明之一。现如今，即便在世界上最提倡自由的国度，我们仍然能听到政治家们在讨论贸易保护政策，但显然，自由通畅的贸易将代替保护主义为世界带来更多的福利。

　　曼昆在《经济学原理》一书中用一个简单的经济模型解释了这一现象。假设世界上只有两个人——一个牧牛人和一个种土豆的农民。如果这两个人"老死不相往来"，那么他们都只能消费各自的产品；相反，如果两个人进行贸易，则他们会在合理的价格下实现"双赢"。

21

　　想象一下，如果没有贸易，我们的生活将会怎样？

　　对于住在北方的人来说，普通的香蕉变成了奢侈品，因为想在北方种植香蕉，不仅成本巨大，而且能不能结出果实也很难说。而对于住在南方的人而言，新疆的葡萄就只能在梦中品尝了。

　　现在我们每个人都生活在贸易带来的便利之中。我们身上穿的衣服是由制衣厂的工人做的，每天吃的饭菜是由农民种植生产的，看的书是由印刷厂工人印制的，等等。

　　自第一次工业革命之后，人类的社会化大生产使得分工越来越细，人们被要求专注于自己擅长的工作并从中得到报酬，再用得到的报酬来换取需要的东西。这也就是为什么我们不用亲力亲为地制造每一件所需物品的原因了。

财商启示

贸易可以让生活变好，这是经济的基本道理。现在的贸易不仅在国内，也在各个国家之间发生，我们称之为国际贸易。由于国际贸易的存在，我们可以用通过努力得到的报酬换取美国的可口可乐、日本的游戏机、巴西的咖啡豆、法国的葡萄酒及瑞士的手表等。如果所有的东西都靠自己做，我们可能永远都只会为满足基本温饱而整日奔波，而无法享受现代生活带来的便利。

22

11. 看不见的手

在日常生活中，我们经常可以看到在一些新建的小区里，随着居民的不断入住，相关的配套服务设施，如商店、餐馆、理发店、菜市场等都逐步建立起来。这些服务设施并不是一开始就计划好了的，而是随着入住居民的增多，居民对这些服务设施有所需求，于是，便自发形成了依托小区的市场，产生了商业机会。

自发形成的市场给小区的居民提供了极大的便利，而建立这些市场并不仅仅出于为他人服务的目的，建立者们也希望从中获得利益。亚当·斯密在《国富论》中提到，市场的自发形成好像是由一只看不见的手推动着的。

亚当·斯密认为，每个人都应利用自己的资本，使之产生最大的价值。从主观上讲，一个人并不想制造公共福利，更不知道实际上会增加多少公共福利，他所追求的仅仅是个人的利益，但他这样做的时候，有一只看不见的手在引导他去帮助制造社会福利，而这并非是他的本意。通过追求个人利益，却无意识地扩大了社会利益，其效果优于主动扩大社会利益。亚当·斯密之所以提出这一论断，认为人们都有"利己心"，是因为"利己心"驱使着人们去获得最大利益，当每个人都得到了利益的时候，社会也就获得了财富，因为财富是所有国民对必需品和享用品的消费。这就是亚当·斯密"看不见的手"的实质。

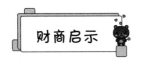

"看不见的手"实际上指的是市场经济制度。市场经济制度是现代社会组织经济中一种行之有效的方式。中国经济通过市场化改革，实行社会主义市场经济制度，让中国经济高速增长，使得中国经济实力大幅增强。

24

12. 囚徒困境

假设警察抓了两名一起作案的犯罪嫌疑人，由于目前还没有足够的证据来证明两个被抓的犯罪嫌疑人就是罪犯，所以除非他们自己认罪，否则法官是无法给他们定罪的。

那么，警察该怎么审讯才能让嫌疑人主动交代自己的罪行呢？

很显然，我们不能把两个嫌疑人放在一起审讯，因为如果这样，他们就可以一唱一和，串通起来蒙骗警察。

而分开审讯至少能保证在审讯的时候嫌疑人不会串通，如果他们说的话不一致，警察很容易就能知道有人在说谎并且查到事实真相。但是，嫌疑人也可能同时否认自己犯罪的事实，特别是知道在招供后会被严惩的情况下。所以假如招供不但没有好处还会被判重刑的话，他们一定会同时否认事实。

那么，警察应该怎么做呢？

警察设计了这样一种方案来解决这一问题。首先把嫌疑人分开审讯，并且规定：

①如果他们都否认自己偷东西，那么每人都会被关押 10 天。

②如果只有一个嫌疑人招供，他就可以马上被释放，而不认罪的嫌疑人就要被关押 30 天。

③如果两个嫌疑人都招供，他们都会被关押 20 天。

面对这几种方案，嫌疑人们会怎么办呢？我们暂且给这两个嫌疑人取名为 A 和 B。

A 肯定会想，无论 B 怎么选择，我选择认罪对我来说是最有利的。因为如果 B 选择不认罪，则 A 就可以马上被释放，比他选择不认罪被关押 10 天要好得多；假如 B 选择认罪，这时候 A、B 都会被关押 20 天，也比他选择否认事实要好，因为否认的结局是要被关押 30 天。

同样的，B 也会这么想。所以最终的结果是他们都会认罪，并且都被判 20 天的监禁。但是这比他们都否认，并被判关押 10 天的结果要差很多。这就是经济学中著名的"囚徒困境"。

财商启示

在经济学中，"囚徒困境"想表达的是这样一种思想：有的时候，个人的自私与不合作会使事情的结果变糟。就像上面的例子，如果两个嫌疑人都不认罪，那么他们都会被关押 10 天，但两个嫌疑人却都选择了认罪，最后都被关押了 20 天。自私让两个人的处境变得更不好了。再比方说我们进行一场篮球比赛，如果每个人都想挣表现，多进几个球，那么往往会输掉整场比赛，因为篮球比赛光靠一个人是打不赢的。所以我们做选择时，不能只考虑如何最大化自己的利益，还得考虑别人会怎么选，如果合作比不合作更利于达到最终的目标，我们就应该尽力做好沟通，进行合作。

13. 猎人与猎狗——关于激励的故事

一条猎狗追赶一只兔子，追了很久仍没有追到。牧羊犬看到此种情景，讥笑猎狗说："你们两个之间，个子小的反而跑得快。"猎狗回答说："我们两个跑的目的是完全不同的！我是为了一顿饭而跑，它却是为了性命而跑呀！"

这话被猎人听到了，猎人想：猎狗说得对啊，如果我想要得到更多的猎物，就得想个好法子。于是，猎人又买来几条猎狗，凡是能够捉到兔子的，就可以得到几根骨头作为奖励，捉不到的就没有饭吃。这一招果然有用，猎狗们纷纷努力追兔子，因为谁都不愿意看到别人有骨头吃，自己却没得吃。

可是过了一段时间后，问题又出现了。大兔子非常难捉到，小兔子好捉，但捉到大兔子得到的奖赏和捉到小兔子得到的差不多。于是，猎狗们就专门去捉小兔子。猎人问猎狗们："最近你们捉的兔子越来越小了，为什么？"猎狗们说："既然得到的骨头都一样多，为什么还要费那么大的劲去捉大兔子呢？"

猎人经过思考，决定不将分骨头的数量与是否捉到兔子挂钩，而是每过一段时间，就统计一次捉到的兔子的总重量，按照重量来评价猎狗的表现，决定其待遇。于是猎狗们捉到兔子的数量和重量都增加了，猎人很开心。

但是又过了一段时间，猎人发现，猎狗们捉到兔子的数量又少了，而且越有经验的猎狗，捉到兔子的数量下降得越厉害。于是猎人又去问猎狗。猎狗说："我们把最好的时间都奉献给了您，主人，但是随着时间的推移我们会变老，当我们捉不到兔子的时候，您还会给我们骨头吃吗？"猎人做了论功行赏的决定，分析汇总了所有猎狗捉到兔子的数量与重量，并规定如果捉到的兔子超过了一定数量，即使以后捉不到兔子，每顿饭也可以得到一定数量的骨头。猎狗们很高兴，都努力去完成任务。

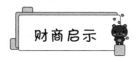

财商启示

这是一个在经济学和管理学中常常会引用到的关于激励的故事。在这个故事中，猎人想要猎狗多抓兔子，这样自己就可以得到更多的收入。而对于猎狗而言，抓兔子是很累的。它们既想得到猎人给的食物，又想尽量少干活。在这样的情况下，猎人就必须激励猎狗。开始的时候，猎狗抓不到兔子就没得吃，所以，它们只好拼命抓兔。但是，当它们发现可以偷懒只抓小兔时，它们又只抓小兔。但当猎人把食物与重量联系在一起时，这个问题得到了解决。可是，猎狗也有老的一天，它们也会为自己的"退休生活"做打算。于是为了激励它们好好抓兔，猎人又答应保证它们的老年生活。这就是一个不断激励的过程。

同样的道理，在我们的学习和生活中，也要有个目标，用这个目标来激励自己。但这个目标不能太高，也不能太低。太高了，我们实现不了，也就失去了激励的意义；太低了，很容易实现，也失去了激励的作用。

28

14. 如何分配稀饭才体现公平——制度的功能

有7个人组成了一个小团体共同生活，其中的每个人都是平凡而平等的，虽没有害人之心，但不免自私自利。他们想用非暴力的方式，通过制定制度来解决每天的吃饭问题——分食一锅稀饭，但并没有称量用具和有刻度的容器。

他们发挥了聪明才智，尝试了不同的方法，经过多次博弈形成了日益完善的制度，大体来说有以下五种方法。

方法一：指定一个人负责分配稀饭。但大家很快就发现，这个人为自己分的最多。于是他们又换了一个人来分，但最后总是负责分稀饭的人碗里的稀饭最多。

29

方法二：大家轮流负责分稀饭，每人一天。这样等于承认了个人有为自己多分稀饭的权利，同时给予了每个人为自己多分的机会。虽然看起来平等了，但是每个人在一周中只有一天吃得饱并且有剩余，其余6天都饥饿难挨。大家认为这种方式导致了资源浪费，非常不好。

方法三：大家选举一个信得过的人负责分稀饭。开始这人还能基本保持公平，但不久他就开始为自己和溜须拍马的人多分。为了纠正风气，还得寻找新思路。

方法四：成立一个分稀饭委员会和一个监督委员会，形成监督和制约。这样的方式下基本能做到公平，可是由于监督委员会常提出多种议案，分稀饭委员会又据理力争，等大家商定好后，稀饭早就凉了。

方法五：每个人轮流值日分稀饭，但是分稀饭的那个人要最后一个领稀饭。令人惊奇的是，在这个制度下，7只碗里的稀饭每次都一样多。每个负责分稀饭的人都认识到，如果7只碗里的稀饭不相同，他无疑将享有最少的那份。这样分配既公平，也没有浪费。所以这个方案最终被大家接纳。

从上面的故事中我们可以看出：制度是至关重要的。要想有一套好的制度，我们需要敢于跳出传统的思维去寻找新的解决问题的办法。一套好的机制对领导者来说比自己事无巨细、事必躬亲要有效得多。经济系统就像一部大机器，好的机制通过它的各个组成部分的相互作用，实现总体功能。在国民经济的大系统中，有物质生产部门和非物质生产部门，并存在生产、流通、分配、消费四个环节，各部门、各环节之间都有系统的联系。只有良好的经济运行机制，才能使国民经济这个大系统更好地运行，更好地发挥作用，使社会经济和谐健康地发展。

15. 基尼系数

　　世界银行发布了《国民财富的变化：2018》。报告中指出，全球财富在过去 20 年里显著增加，但全球经济和收入不平等的现象很严重，经济合作与发展组织成员国中，高收入国家的人均财富是低收入国家的 52 倍。怎么来衡量收入是否平等呢？

　　目前，国际上用来分析和反映居民收入分配差距的方法和指标很多。基尼系数由于给出了反映居民之间贫富差异程度的数量界线，可以较客观、直观地反映和监测居民之间的贫富差距，预报、预警和防止居民之间出现贫富两极分化，因此得到世界各国的广泛认同并被普遍采用。

　　基尼系数的经济含义是：在全部居民收入中，用于进行不平均分配的那部分收入占总收入的百分比。基尼系数最大为"1"，最小为"0"。前者表示居民之间的收入分配绝对不平均，即 100% 的收入被一个单位的人全部占有了；而后者则表示居民之间的收入分配绝对平均，即每个人的收入完全平等，没有任何差异。但这两种情况只是理论上的绝对化形式，在实际生活中一般不会出现。因此，基尼系数的实际数值只能介于 0~1。

　　联合国有关组织规定，若基尼系数介于：

0~0.2，表示收入绝对平均；

0.2~0.3，表示收入比较平均；

0.3~0.4，表示收入相对合理；

0.4~0.5，表示收入差距较大；

0.5~1，表示收入差距悬殊。

由此可见，基尼系数的数值越低，表明财富在社会成员之间的分配越均匀；反之则相反。

基尼系数是一把用来衡量一个国家社会财富分配的尺子。通过这把尺子，我们便能够清楚地知道，某一个国家的财富分配状况究竟是怎样的。

一个国家的基尼系数越大，说明这个国家的财富分配越不平等。当少数人拥有了一个国家绝大多数财富时，这个国家便会出现严重的两极分化：一部分人成天花天酒地，而另一部分人却衣不蔽体、忍饥挨饿。严重的贫富分化也会带来暴力、犯罪，甚至是社会的动荡，因此，对于一个国家而言，保证财富公平合理的分配，是一个政府应尽的责任。

第二部分

微观经济

　　现代经济学的两个最重要也最基本的学科是微观经济学和宏观经济学，本部分介绍微观经济学的一些基本概念和方法。微观经济学分析单个消费者、单个企业的行为，研究单个市场的运行。

16. 小屋奇遇——边际效用递减

有一天，一个女孩被一首歌曲吸引来到了一间小屋，她被这首曲子深深地打动了，泪流满面想再听一遍。紧接着这首歌又自动播放了第二遍，她拍手称好。当歌曲播放第三遍时她哼着曲调，心满意足，打算离开。但这时却发现不知什么时候门已经被锁上了，她出不去了，而音乐又不知怎么的关不掉，于是她又坐下听了第四遍、第五遍、第六遍、第七遍，她开始发呆。到第十遍后，她开始按捺不住，在屋内转个不停，试图掩住耳朵，或堵住音乐。到第二十遍后，她开始出现独自大吵、大叫、歇斯底里等非正常症状。第三十遍后，她出现了血压降低、体温下降、目光呆滞等生理症状。第五十遍后，她被抬着出来……故事到此并未结束，以后的日子里，每当响起那首曲子时，人们都会看到她目光呆滞，堵住耳朵，大声狂叫。

35

财商启示

上面的故事有点夸张，但是在生活中，你也许会有这样的生活体会：当你非常饿的时候，吃第一个馒头，会觉得很幸福；吃第二个馒头，也很幸福，但是不如吃第一个时幸福感那么强烈；吃第三、第四、第五个馒头时，幸福感会越来弱；当吃第十个馒头的时候，你获得的可能就不是幸福而是痛苦了。再比如你口渴的时候愿意花2

元钱买一杯矿泉水，当你喝下这杯水之后，感到不那么渴了，于是现在你只愿意花1元钱买第二杯水，喝下肚的时候，你已经不口渴了，也不愿花钱买水了，除非第三杯水白送给你喝。第三杯水下肚，你的肚子已经胀了，如果还要你喝第四杯，你不但不觉得爽，反而觉得难受。

也许你会告诉我说："我特别喜欢吃某种东西，而且吃了十几年还是喜欢呢！这与经济学中的边际效用递减规律不符呀！"其实不是这样的，这个规律的前提是你在某个时间段内连续不断地一直吃。也许你以后还会喜欢吃，但是在一段时间内连续吃的话，你就会对边际效用递减规律有所体会了。

术语小百科

边际是经济学中一个非常重要的概念。所谓的边际效用是指消费者对某种物品的消费量每增加一单位所增加的额外满足程度。边际效用递减是指随着消费量的不断增加，所增加的效用（边际效用）却不断降低。在经济学中还会碰到很多与边际相关的概念，比如边际成本。边际成本指的是每增加一个产品所增加的成本。举一个例子，现在很多商场有这样的促销活动，第一件全价，第二件8折。比如一件商品单价为100元，那么买一件就是100元，买两件就是180元。对消费者而言，一件的总成本是100元，两件的总成本是180元，第二件商品的边际成本就是80元。

17. 钻石与水的价格之谜
——边际效用决定价格

　　如果有人问你：是水贵还是钻石贵呢？你可能会毫不犹豫地回答："肯定是钻石呀！"那你有没有想过这是为什么呢？为什么在日常生活中，更有用的水比没什么用的钻石更贵呢？这就涉及经济学中的价值悖论。

　　价值悖论又称价值之谜，指有些东西效用很大，但价格很低；有些东西效用很小，但价格却很高。这种现象与传统的价格理论不一致。价值悖论是亚当·斯密在 200 多年前提出的。解释这一问题的关键是区分总效用和边际效用。水给我们带来的总效用是巨大的，没有水，我们无法生存。但我们对某种物品消费越多，其最后一个单位的边际效用也就越小。我们用的水很多，因此最后一单位水的边际效用就微不足道了。相反，钻石的总效用并不大，但由于钻石稀有，所以，它的边际效用就大了。在经济学中，有一个基本理论：对消费者而言，商品的价格由商品带给消费者的边际效用所决定。所以，由于钻石的边际效用大，钻石的价格就高；而水的边际效用低，水的价格就低。

财商启示

经济学中认为，人们愿为边际效用高的商品支付高价格，为边际效用低的商品支付低价格。不难看出边际效用和物品的稀缺性有关。"物以稀为贵"的道理正在于"稀"的物品边际效用高。比如为什么很多人愿意为限量版的鞋支付很高的价格，其中重要的原因就是限量版的鞋很少，喜欢它的人能得到很大的边际效用，所以愿意支付高价。但如果这种鞋不再限量了，那么它的价格就会下降，带给消费者的边际效用就会越来越小，消费者愿意支付的价格也越来越低。

18. 东施效颦——示范效应

大家都听说过"东施效颦"这个成语。春秋战国时期的越国有一个美女名叫西施，长得非常漂亮，倾国倾城。但西施患有心口疼的毛病。有一天，她的病又犯了，胸口十分疼痛。她手捂胸口，双眉微皱，样子别有一番风味，惹人怜爱。这时，一个叫东施的丑姑娘路过，看见西施皱着眉头，用手按着胸口的样子十分好看，就照样模仿起来，自以为这样就很美丽了。村民们看到她的样子，觉得她更丑了。后来，人们以"东施效颦"来比喻"丑拙"盲目机械地效仿"美巧"，结果适得其反，闹出笑话。

39

从另外一个角度来看，上面的故事也很形象地说明了示范效应的奇妙作用。示范效应，即向别人学习的现象。它实际出于动物的本能（包括高级动物——人和普通动物）。比如，猴子喜欢吃桃子，可是它们从来都不会洗桃子。人们找来一个小猴子并教会它吃桃子之前先把桃子洗干净。一段时间以后，人们把这个小猴子放进猴群，当它吃桃子的时候就会先洗干净再吃，可其他的猴子不仅不学它的方法，反而还会排斥它。人们又找了一个猴王，教它吃桃子之前先洗干净。这时情况发生了变化：众猴子纷纷效仿，洗完桃子再吃成为了猴子世界的一种时尚。人类的示范效应正是根源于这种动物本能，并由社会因素的影响渐渐演变形成。

示范效应往往是双向的，这就是所谓"坏"榜样和"好"榜样的影响。比如你的同学买了一个苹果手机，虽然你家里比较困难买不起，但是因为攀比心理你也买了一个，这便是一种"坏"的示范效应。但也有好的示范效应，比如说，你的同桌特别爱学习，这使得你不甘落后也努力学习。我们提倡好的示范效应，向好的榜样学习。

由此我们也可以理解，商家高价邀请明星做自己产品代言人的特殊用意了。"明星"成了商家通向消费者的桥梁、连接消费者的纽带，是商家促进销售的"法宝"。从经济学的角度讲，这些商家利用的是"示范效应"。所以，"示范效应"可以当之无愧地被称为消费市场背后一只促进经济发展的"无形的手"。

19.由俭入奢易，由奢入俭难
——棘轮效应

商朝时,商纣王登位之初非常勤俭,一心想治理好国家。当时,天下人都认为在这位英明国君的治理下，商朝的江山会蒸蒸日上。有一天，纣王命人用象牙做了一双筷子，并十分高兴地用这双象牙筷子就餐。他的叔叔箕子见了，劝他收起来，而纣王却满不在乎，满朝文武大臣也不以为意，认为这是一件很平常的小事。箕子为此忧心忡忡，有的大臣问他原因，箕子回答："纣王用象牙做筷子，就不会用土制的瓦罐盛汤装饭，肯定要改用犀牛角做成的杯子和美玉制成的饭碗，有了象牙筷、犀角杯和美玉碗，难道还会吃粗茶淡饭和豆子煮的汤吗？大王的餐桌从此顿顿都要摆上美酒佳肴了。吃的是美酒佳肴，穿的自然要绫罗绸缎，住的也要富丽堂皇，还要大兴土木筑起亭台楼阁以便取乐。这样的后果让我不寒而栗。"果然，箕子的预言很快就应验了，不到 5 年的时间，由于商纣王骄奢无度，商朝灭亡了。

这印证了一句老话："由俭入奢易，由奢入俭难。"这句话出自宋朝的政治家和文学家司马光的《勉谕儿辈》一文，意思是说从节俭变得奢侈是容易的，从奢侈变得节俭却困难了。司马光是想告诉其子孙要勤俭持家，这样才能长长久久。从现代经济学的角度来看，司马光的这段话实际上反映的是消费中"棘轮效应"的现象。所谓棘轮效应，是指人的消费习惯形成之后有不可逆性，即易于向上调整，而难于向下调整。

现实当中，棘轮效应非常普遍。我们吃惯了大鱼大肉，就很难再接受粗茶淡饭；我们穿上了华美奢侈的衣衫，就会觉得简单朴素的衣服不合时宜。慢慢地，我们习惯了奢侈安逸的生活，而失去了艰苦奋斗的精神。所以家长在教育小孩的时候要避免"棘轮效应"的出现。比尔·盖茨夫妇多次提到，打算去世后只留给3个子女一部分遗产，而把其余资产捐给慈善机构。他们说："我们决定不给孩子们留太多遗产，这既不利于孩子，也不利于社会。"他们培养孩子的独立精神，希望孩子们能正确认识财富，通过自己的奋斗赢得一切，而不是成为"寄生虫。"

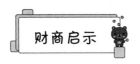

42

棘轮效应是人的一种本性，人生而有欲，"饥而欲食，寒而欲暖"。人有了欲望就会千方百计地寻求满足。但是，消费要结合自身情况，不要养成奢靡的消费习惯。

棘轮效应是经济学家杜森贝里提出的。他认为消费者的消费决策很大程度上取决于他们的消费习惯。这种消费习惯受许多因素影响，如生理和社会需要、个人的经历等，特别是个人在收入最高时所达到的消费标准对消费习惯的形成有很重要的影响，消费者很容易参考高收入时期的消费水准来消费，即使收入下降，消费水平也很难再改变。

20. 鲸鱼油的故事——关于替代品

在电灯被发明之前，美国主要用鲸鱼油来照明。

随着美国内战的爆发，鲸鱼油的需求量大幅增加，而供给却急剧下降。每箱鲸鱼油从 1823 年的 43 美分 1 加仑（1 美制加仑≈3.79升）涨至 1866 年的 2.55 美元 1 加仑的天价，人们甚至不敢在晚上阅读，以此来节约费用。鲸鱼油的高价使得人们开始减少对鲸鱼油的使用，各种"节能灯"相继被发明，并且人们纷纷开始保存鲸鱼油。

然而与此同时，当鲸鱼油的价格一路上升的时候，企业家开发替代品的动力也上升了。在欧洲，从煤里蒸馏出来的煤气成为一种经济上可行的替代物，使鲸鱼油的需求量大幅下降。那些追逐利润的商人们受到莫大的鼓舞，纷纷去开发廉价的能够提炼原油的工艺。

鲸鱼油的替代品——煤油很快出现在市场上。随后，每箱鲸鱼油的价格跌到几十年来的最低点，鲸鱼油灯几乎从人们的视野中消失。然而，作为鲸鱼油替代品的煤油也没有存在很长时间，很快就被石油取代了。现在我们使用最多的就是石油。目前，各个国家都在努力开发新能源，比如太阳能、水能、核能、地热能、风能等，这些都是石油的替代品。

在这个故事中，价格对需求起了作用。在鲸鱼油价格升高的情况下，消费者通常会减少使用该产品，其他可替代能源就会被更迅速地开发出来。在这里，鲸鱼油、煤油就互为替代品。

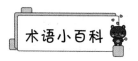

替代品是指那些能够实现同种功能的其他产品。一种物品价格上升引起另一种物品需求增加，我们就说这两种物品"互为替代品"。像百事可乐与可口可乐、茶与咖啡、钢笔与圆珠笔等都互为替代品。我们再来举一个具体的例子，比如华为的手机和苹果的手机就是非常典型的互为替代品。如果苹果手机价格上涨，苹果手机的需求量就会下降，大家会减少对苹果手机的购买，而增加对华为手机的购买。正是由于大量替代品的出现，很多商品的价格才不能定得太高。

21. 麦琪的礼物——关于互补品

美国小说家欧·亨利的名篇《麦琪的礼物》讲述了这样一个故事。

德拉和吉姆夫妇过着非常贫穷的生活，但他们各有一件引以为豪的东西。一件是吉姆的传家宝金表；另一件则是德拉的秀发。可是吉姆的金表没有一条像样的表链；而德拉的头发也没有漂亮的梳子与它做伴。在圣诞节的前一天，德拉想给丈夫吉姆一个惊喜，可是她只有 1.87 美元，这点钱根本买不到什么好的礼物，于是她把引以为豪的褐色瀑布似的秀发剪下来卖了，换来了 20 美元。找遍了各家商店，德拉终于买到一条朴素的白金表链，可以配上吉姆的那块金表。

吉姆回到家后，死死地盯着德拉。"吉姆，亲爱的，"她喊道，"别那样盯着我。我把头发剪掉卖了，如果不送你一件礼物，我无法安心过圣诞节。你肯定猜不着我给你买了一件多么美丽精致的礼物啊！"

"你说你的头发没有了吗？"吉姆白痴似地问道。

德拉说："是的，我已经将它卖掉了，没有啦。"

吉姆好像从恍惚之中醒来，他从大衣口袋里掏出一个小包，扔在桌上说："无论剪发、修面，还是洗头，我认为世上没有什么东西能减少我对你的爱。不过，你只要打开那包东西，就会明白刚才我为什么愣头愣脑了。"

德拉解开绳子，打开纸包，欣喜若狂地尖叫起来："哎呀！"

纸包里是一套发梳，是很久以前德拉在百老汇的一个橱窗里见过并非常喜欢的。这套梳子实在太昂贵，她从未想过据为己有。现在，这套梳子居然属于她了，可惜能够配得上这装饰品的美丽长发已无影无踪了。

"德拉，"吉姆说，"让我们把圣诞礼物保存起来。它们实在太好了，但目前我们都用不上，因为这套发梳是我用金表换来的。"

46

上面讲的是一对夫妻为了给对方买礼物而牺牲自己最珍贵的东西的故事。从经济学的角度看，这个故事涉及的是互补品的概念。互补品是指相互搭配使用才能带给消费者满足感的商品。在这个故事中，手表和表链是互补品，头发和梳子是互补品。由于吉姆卖掉了手表，表链对他来说就没有多大价值了；而德拉卖掉了头发，至少在头发长长以前那一套精美的梳子对她来说也没多大价值。互补品只有配套使用才有价值。

22. 现代经济的细胞——企业

日常生活中，我们经常可以看到"企业"一词频繁地出现。如果你对"企业"依然陌生的话，那么你可以看一下周围的东西：一支铅笔、一瓶可乐、一台电视机，甚至是放在你面前的这本书，都是由特定的企业生产与销售的。

企业可以很小，小到像你家周围只有一个人经营的小商店；也可以很大，大到像沃尔玛超市，在全球拥有将近200万名雇员。

企业是从事生产、流通与服务等经济活动的营利性组织。企业通过各种生产经营活动创造物质财富，提供满足社会物质和文化生活需要的产品和服务。根据企业的财产组织形式其可分为：个体企业、合伙企业和公司制企业。个体企业与合伙制企业往往比较小（比如你家附近的小商店等），如果经营不善导致债务问题，企业的出资人将承担所有的负债，直到清偿债务为止。而公司制企业则有所不同，对于一家新成立的公司来说，如果你投资了一部分钱给这家公司，便成为这家公司的股东。如果公司经营不善，债务缠身，你的损失最多也就是你投入公司的那些钱而已。因此，由于公司制企业具有这一极大的优点（当然其他优点也有很多），公司制企业逐渐成了现代企业制度中最重要的组成部分。

作为一个新成立的公司的出资人，即股东，你也许对经营企业并不是太在行，因此公司就需要聘请一些具有企业经营管理能力的人来从事企业的日常管理工作。这是现代企业中的委托代理关系，

47

即拥有企业的人并不真正参与企业的经营，而是委托他人对企业进行经营管理，来为自己的利益服务。

图 2-1 是某公司组织结构图：

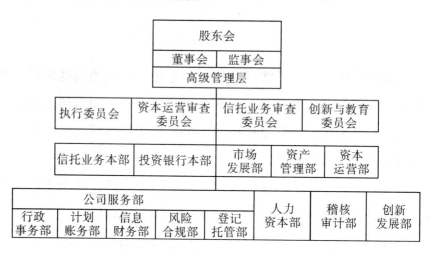

图 2-1 某公司组织结构图

从图 2-1 中我们可以看到现代企业的基本组织结构。下面我们就对企业中频繁出现的几个词，如 CEO、董事会做一下介绍。

董事会是股东大会或企业职工股东大会的业务执行机关，负责公司或企业的业务经营活动的指挥与管理，对公司股东大会或企业股东大会负责并报告工作。股东大会或职工股东大会所做的有关公司或企业重大事项的决定，董事会必须执行。

CEO 是首席执行官（Chief Executive Officer）的英文缩写。CEO 要对所有的事情负责，如公司运作、市场、战略、财务、企业文化的创立、人力资源、雇用、解聘及遵守安全法规、销售、公共关系等。CEO 所做的每件事情都是别人无法替代的。

术语小百科

　　企业在经济学中也称为厂商或生产者，是指生产和提供产品或服务，追求利润最大化的独立决策的经济组织。企业主要有三种类型：个体企业、合伙企业和公司制企业。虽然公司制企业可能是大家听到的最多的，比如华为技术有限公司（简称华为），但现实中最多的还是个体企业，比如你身边的小饭馆、小杂货铺等。合伙制企业相对较少，主要有律师事务所、会计师事务所等。

49

23. 大企业与小企业

　　《财富》杂志公布的2018年度世界500强中，营业收入排在前3位的公司分别是美国的沃尔玛（WALMART）、中国的中国石油化工集团公司（SINOPEC GROUP）和荷兰的荷兰皇家壳牌石油公司（ROYAL DUTCH SHELL）。

　　如今，很多世界级公司的规模已经大到令人吃惊的地步。那么，为何要扩大公司规模呢？

　　要解释这一问题，我们先来想一下为什么远洋船只大多是大型的轮船而不是摩托艇呢？这在很大程度上是由海洋本身决定的。如果风平浪静，燃料及食物充足，再加上超人的毅力，选择摩托艇进行远洋航行基本没有什么大的问题。但是一旦天气变坏，波涛汹涌的海洋或许就是摩托艇的葬身之地。但万吨级的巨轮受风浪的影响并不会太大。

　　市场与海洋有很大的相似性。金融危机、经济危机、政策变坏、利率变化、汇率变动等都像狂风巨浪一样冲击着市场竞争中的企业，为了抵御如此频繁的冲击，企业不由自主地选择扩大规模来增强自身的抗冲击能力。当然，不可忽视的是，随着企业规模不断扩大并达到一定程度，企业内部分工逐渐明确，并有能力整合整条产业链，这极大地降低了成本，使企业在竞争中获得优势。

　　然而，大企业毕竟是少数。你经常光顾的小商店、小饭馆等，不像那些大企业一样，拥有上万的员工和数以亿计的营业额。它们或许只有几个人在经营，盈利并不多，只够维持一家人或几个员工的生活，但这些小企业却是我们生活中不可或缺的。它们给我们的生活带来了极大的便利，也解决了很多就业问题。

不可否认的是，正如摩托艇可以灵活地躲避前进中的障碍物，而泰坦尼克号虽然发现了冰川却依然难逃沉没的命运一样，小企业也有它自身的优势。由于规模小，小企业的转型便容易很多，比如你家附近新开的餐馆，有可能两三年之后就成了杂货店；而规模庞大的大众汽车公司，一百多年来一直生产汽车。

企业规模过大带来的问题也有很多，其中很重要的一个就是管理的难度及成本会极大地上升，一旦管理不善就有倒闭的危险。大企业倒闭的例子比比皆是。

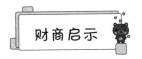

财商启示

51

　　企业的大小是由企业的销售收入或者资产规模来衡量的。大企业有大企业的优点，比如管理比较规范，抗风险能力较强等。小企业有小企业的优点，比如经营比较灵活等。企业要根据市场环境和自身的特点选择适合自己的规模，这样才能追求利润最大化和实现自身的发展。

24. 企业规模应该大还是应该小？——规模经济

台湾台塑集团于 1954 年创立，主要经营业务是生产一种 PVC 粉。在 1957 年的时候，台塑企业还是世界上规模较小的 PVC 塑料粉生产商。

台塑集团是王永庆先生事业的起点。台塑在王永庆先生接手之前生产的 PVC 粉，每月的产量仅有 100 吨，而且其产品在台湾市场上也只能卖出 20 吨。因为公司生产成本高，价格降不下来，所以 PVC 粉市场一直被日本企业所占领。

王永庆认为，如果公司仅仅按照台湾市场的需求量来确定企业的生产规模，成本就不会降下来，因此尽管只生产 100 吨产品也还是卖不出去。但是，假如能够通过扩大生产规模而降低成本，再进一步降低售价，就有可能增加销量，这样不但能夺回台湾市场，还能把产品推向全世界。

那么，到底扩大规模能不能降低生产成本呢？

王永庆先生认为这是可能的，因为在台湾能生产 PVC 粉的原料很多，加之台湾劳动力丰富且工资水平很低。于是王先生抱着"破釜沉舟"的决心，在台湾 PVC 粉供大于求的情况下毅然决定扩大规模。

1960 年，台塑集团的 PVC 粉的月产量达到了 1 200 吨——这正是 PVC 粉生产的适度规模，实现了全世界范围内平均成本最低，不仅占领了台湾市场，且产品大量出口，变积压为短缺。

王永庆成功了，他的成功很大程度上受益于规模经济，当然还有其他方面的努力，例如降低销售成本、加强内部管理、与国外合作等，但是最关键的还是扩大规模使得生产成本降低。王永庆也因此获得了"台湾经营之神"的称号。

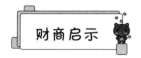

台塑集团通过扩大生产规模，成功地降低了生产成本，使得台塑集团的产品打破了台湾市场的局限，走向了全世界。

当然，企业的规模也并不是越大越好，当企业的规模达到一定程度之后，企业的管理与信息传递变得越来越困难，从而使得生产成本不断提高，即随着企业规模的不断扩大，企业也会经历规模不经济的阶段。

53

规模经济是指在一定的产量范围内，随着产量的增加，平均成本不断降低的现象。这意味着当企业的规模较小时，企业的平均成本会较高，而当企业规模扩大，产量增加时，企业的平均成本反而会下降，这对企业的经营是非常有利的，对社会也很有利。因为产量扩大，成本降低，价格也会降低，企业销量增加，消费者花的钱也少。现实中很多行业都会出现规模经济的现象，比如汽车行业、电子产品行业等。

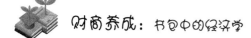

25. 要素与生产

想一下我们常用的铅笔是如何生产出来并最终来到我们手中的。一支普通的铅笔大体包括以下几个部分：木头、漆、石墨、一丁点金属，还有一块橡皮。也许在你看来一支铅笔的生产过程或许简单到不值一提，而实际情况却让人大吃一惊。

生产一支铅笔所用的木材来自林场工人种植的树木，等树木长大之后再进行砍伐，然后将这些木材用车、船等运输工具运到木材加工厂，加工成做铅笔所需要的规格尺寸，再运往铅笔厂。在此过程中，各个环节又涉及其他众多相关物品及产业，如种树用的铁锹，伐木用的锯子，运输用的车船等。

下面再来看一下石墨。产出的石墨首先要与黏土混合，经过一道道工序最终才能生产出做铅笔的铅芯。完成这一过程，同样要有矿工、机器、化学品、运输工具等的共同参与。

而涂在铅笔外面的漆与固定橡皮所用的铁片以及橡皮本身的生产过程也不简单。如此看来，生产一支普通的铅笔是非常复杂的。

在生产铅笔的过程中，参与生产的种种物资及劳动被称为生产要素。现代经济学将生产要素分为四类：劳动力、自然资源、资本和企业家才能。还是以生产一支普通的铅笔为例。为了生产这支铅笔，首先要有一些具有企业家才能的人来组织生产，他们往往不直接参与生产，而是招聘工人进行生产，这样便有了劳动力。木材、石墨等原料在经济学中属于自然资源。另外，生产铅笔还需要厂房和机器，这些便是经济学中所说的资本。

财商启示

生产是一个非常复杂的过程。在现代社会中，生产一件普通商品要经过很多环节，使用各种生产要素。这是由于现代社会分工越来越细，产品种类越来越多，使得社会生产变得更加有效率，也让我们能消费的东西越来越丰富。

术语小百科

要素也称为生产要素，是在生产过程中用来生产的投入品。现代生产中常用的投入品主要包括：自然资源（比如土地、石油）；劳动力（生产中投入的人工）；资本（这里主要指的是机器、设备和厂房）；企业家才能（主要是优秀管理者的管理和组织生产的能力）。

55

26. 如何把梳子卖给和尚？

一家著名的大公司招聘一名营销人员，许多大学生纷纷赴公司应聘。公司出了一道让他们摸不着头脑的题目：想办法在 10 天内把木梳尽量多地卖给和尚。

试想一下，如果你是应聘者，这时候你该怎么办？我们都知道，和尚是光头，并不需要梳子。在经济学中，我们把这种情况称为消费者对商品的需求不足。当出现需求不足的时候，一般来说厂家会降低价格，以保证商品能卖出去。然而生产木梳也需要成本，所以应聘者不可能把梳子送给和尚。他们该如何把梳子卖出去呢？接下来让我们看看他们是怎么做的。

第一次面对这样的应聘题目，绝大多数学生感到困惑不解：出家人都是光头，用梳子干什么？于是，大多数大学生觉得荒谬便离开了。最后只剩下甲、乙、丙三个人。

十天以后，主试者问甲："卖出多少把？"答："1 把。""怎么卖的？"甲讲述了自己游说和尚买梳子，无甚效果，还惨遭和尚的责骂，好在下山途中遇到一个小和尚一边晒太阳，一边使劲挠着头皮。甲灵机一动，递上木梳，小和尚用后满心欢喜，于是买下一把。

主试者问乙："卖出多少把？"答："10 把。""怎么卖的？"乙说他去了一座有名的古寺，由于山高风大，进香者的头发都被吹乱了，他找到寺院的住持说："蓬头垢面是对佛的不敬，应在每座庙的香案前放把木梳，供善男信女梳理鬓发。"住持采纳了他的建议。那座山中有 10 座庙，于是他卖出了 10 把木梳。

　　主试者问丙：“卖出多少把？”答：“1 000 把。”主试者惊问：“怎么卖的？”丙说他去了一个颇具盛名、香火极旺的深山宝刹，朝圣者、施主络绎不绝。丙对住持说：“凡来进香参观者，多有一颗虔诚之心，宝刹应有所回赠，保佑其平安吉祥，鼓励其多做善事。我有一批木梳，您的书法超群，可刻上‘积善梳’三个字，作为赠品。”住持大喜，立即买下 1 000 把木梳。得到“积善梳”的施主与香客也很高兴，一传十，十传百，朝圣者越来越多，香火也越来越旺。

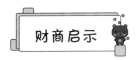

　　经济学家只告诉我们当需求不足的时候，降价能够增加商品的出售量，并没有告诉我们还可以创造需求。同样一件商品，当被赋予不同含义的时候，它销售的价值往往会不同。就像那把木梳，如果仅仅考虑梳头这一种用途，对和尚而言是没有价值的，但是换了种方式，情况就截然不同了。

27. 价格是如何决定的？

生活中，我们常常到商店去买各种各样的东西，我们会发现每样东西都有一个出售价格。那么，大家是否知道价格是由什么决定的呢？

经济学家告诉我们，价格是由供求关系共同决定的。供，指的就是商品的供给；求，指的是所有消费者对商品的需求。如果某商品的供应总量下降了，其价格就会上涨；如果消费者对某种商品的需求量上升了，那么商品价格也会上涨。当供给和需求相等的时候，就产生了商品的价格。下面我们通过一个例子来看看供求关系如何决定价格。

同中国一样，越南也实行了改革开放。自从 20 世纪 80 年代越南实行经济改革以来，越南的经济就一直在快速增长。2010 年以后，越南每年的人均实际产出（人均实际产出可以理解为平均每个人生产产品的数量）年增长率为 6.5% 以上。然而，尽管越南经济增长迅速，但是收入不平等的现象却越来越严重，也就是富人越来越富，而穷人却越来越穷。世界银行的一份报告指出，越南不平等现象日益加剧，"令人担忧"。

那么是什么原因导致越南经济在飞速发展的同时，一部分人得到了很大的好处，而另一部分人的生活反而更差呢？

下面我们就用经济学中的供求理论来解释这一现象。我们把工人提供的生产劳动看作是一种商品，就像我们在商店买到的笔、纸、巧克力等，那么工人的工资就相当于这种劳动商品的价格，也就如同我们的商品价格一样。

大部分贫困人口都是受教育程度较低的非技术工人，由于越南人口增加，市场上非技术工人提供的劳动这种商品的数量增多了；但是，工厂对非技术工人提供的劳动商品的需求却没有明显上升（也就是工厂并不需要更多的非技术工人）。根据前面的知识我们知道，虽然劳动这种商品的数量增长了，但购买劳动（这里指的是雇佣工人的意思）的厂商却并未增多，即供给增加而需求不变，所以劳动的价格——工资自然会下降。于是就出现了上面的结果——越南的经济在迅速发展，但是穷人的生活水平却并没有明显的改善。

相反，那些收入较高的人，要么是老板，要么是技术工人，由于经济发展，社会对这部分人的需求越来越大，但是他们的数量却没有太大的变化。就像商品一样，供给的人少了而需求的人多了，价格就会自然而然地涨上去。于是这部分人的工资水平提高了，收入就自然上去了。

59

财商启示

从这个小故事中我们可以学到，商品的价格其实是由供求双方共同决定的。我们常常会看到一些商品的价格时上时下，这正是由于商品的供求关系发生了变化。这是一种正常的经济现象。

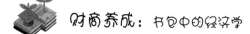

28．丰收悖论

丰收在同学们的眼中是一件喜事，它意味着收入的增加，意味着国富民强，可是在经济学中，丰收不一定是件好事，尤其对于农民而言。

设想某年大自然对农业格外恩惠，寒冷的冬季冻死了害虫，适于播种的春天早早到来，夏季丰沛的雨水使禾苗茁壮成长，阳光灿烂的秋季又使农作物易于收割和运输。年底时，农民一家高高兴兴地围坐在火炉旁计算一年的收入。结果却使他们大吃一惊：少见的好年景和大丰收，收入却比往年少！

这就是经济学中著名的"丰收悖论"：好年景和大丰收反而降低了农民的收入。丰收悖论的成因何在？

我们来看一个具体的例子。2018 年 8 月，河北省邯郸市大名县被爆出上亿斤（1 斤＝500 克）大蒜滞销的消息。这个地方位于河北、河南、山东三省交界之处，种植大蒜的历史非常悠久，2017 年年景还好的时候，大蒜能卖到 2.4 元/斤，现在的价格只有 0.55 元/斤。

2018 年大蒜卖不上价，最主要的原因还得追溯到两年前的"蒜你狠"头上。在 2016 年大蒜价格迎来高峰之后，2017 年全国大蒜种植面积增加了 20.8%，2018 年上半年又增加了 8%，不少地方甚至把种植大蒜作为扶贫项目。

可没想到大蒜产量不断上涨，市场供不应求的形势渐渐变成供过于求，大蒜价格开始下降，因为出售价格达不到预期，很多蒜农选择囤货等待市场回暖。这个想法当然有道理，毕竟大蒜是耐储存的农产品，只要不日晒不淋雨，大蒜可以放到9月份不变质。可过了9月，大蒜就得进冷库储存，每斤要增加0.15~0.2元的成本，现在储存下来的老蒜到了明年，又会冲击新蒜的市场，导致新蒜卖不上价。如此恶性循环，大蒜价格不断下跌，农民收入也急剧减少。

　　大蒜的丰收，并没有给种植大蒜的农民带来丰厚的收入，在经济学中我们称之为"丰收悖论"。经济学认为造成这种现象的原因是由于大蒜这种产品缺乏需求弹性。所谓缺乏需求弹性简单而言就是当商品价格降低的时候，其消费量并不会有明显的增加，也就是说市场上对于产品的需求量是有限的。当河北农民面临大蒜丰收的时候，由于大蒜缺乏需求弹性，因此出现价格大幅降低，但是产品仍然大量滞销的情况。丰收不但没能让农民们获利更多，相反却使他们的收入减少。

61

　　经济学中的"丰收悖论"在我们日常生活中也可以称为"谷贱伤农"。农产品的产量上升，但缺乏需求弹性（即价格即使下降很多，需求量也不会显著增加），所以，农产品的价格大幅度下降，使得农民的收入不增反减。举个具体例子，比如谷物的产量为500斤，价格为6元/斤，那么农民的收入为3 000元。现在谷物的产量上升为600斤，但价格下降为4元/斤，农民的收入却变为2 400元。虽然谷物产量增加了，但农民的收入下降了。这是因为谷物产量上升了20%［(600-500)/500＝20%］，但谷物的价格却下降了33%［(6-4)/6≈33%］，谷物产量上升的幅度小于谷物价格下降幅度，所以使得农民收入下降。

29. 为什么要反对公司的垄断行为呢？

比尔·盖茨被誉为世界上最富有的人，他 19 岁的时候就主动离开了世界上最好的大学之一——哈佛大学，创办了后来闻名于世的微软公司。

虽然比尔·盖茨在事业上获得了巨大的成功，但是微软公司的成长历程并不是一帆风顺的。

1998 年 5 月 18 日，美国司法部经过数月的调查之后，认为微软公司违反了"反垄断法"，并因此向法庭提起了诉讼。

所谓的垄断，指的是市场上只有一家厂商在生产某种产品，而没有其他厂商与其竞争的局面。我们把这个厂商称为垄断厂商。美国司法部之所以认定微软公司是一家垄断厂商，是因为微软公司生产的主要产品——电脑操作系统，在当时几乎占领了全球市场，因此构成了垄断行为。我们现在用的电脑的操作系统基本上都是微软生产的，微软依旧垄断着整个电脑操作系统市场。

经过两年的艰难调查起诉，2000 年 4 月，美国联邦法官杰克逊判定微软违反了反垄断法，用"捆绑销售"作为阻碍竞争的手段来维持微软的垄断地位，并裁定微软公司必须一分为二，结束垄断局面。虽然后来微软公司经过再次上诉，推翻原先的判决，继续保持一个公司的经营模式，但是微软也为此支付了高昂的诉讼费用。

然而事情并没有结束。2004 年，欧洲执委会认定，微软利用其在个人电脑操作系统领域的主导地位来压制规模较小的竞争对手，违反了欧盟的反垄断法规，并对微软公司开出了 4.97 亿欧元的天价罚单，创下了反垄断处罚之最。这次处罚使得微软股价大跌，遭受了巨大损失。

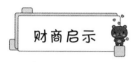

财商启示

为什么几乎全世界都反对公司的垄断行为呢？因为垄断会限制竞争。如果市场上只有一家企业生产某种产品，公司一定会抬高价格以获取更多的利润，这就损害了消费者的利益。比尔·盖茨之所以成为世界首富，最主要的原因就是他的公司是一家垄断公司。

经济学家认为，垄断对整个社会是有危害的，因为它不但会高价销售产品，损害消费者利益，同时也限制了公平竞争，或者造成了违法受贿等行为。

术语小百科

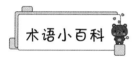

垄断是指在一个市场或者一个行业中只有一家企业，这家企业控制了整个市场或者行业的结构。在本文的例子中，微软被认为是一家垄断企业，原因就是微软基本控制了整个电脑操作系统市场。现实中的电力行业、铁路行业等都是由垄断企业控制的。垄断企业往往会对社会产生不利的影响，所以国家和政府往往会对垄断企业进行干预，比如我国就颁布了《中华人民共和国反垄断法》。

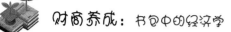

30. 为什么价格会不一样？——价格歧视

如果你是一家游戏公司的老总，当你的公司推出了一款新游戏之后，你会如何制定这款游戏的销售策略来获取最大的利润呢？

下面我们来看一下迪斯尼公司的销售总监们是如何制定销售策略的。

我们都知道，迪斯尼是世界著名的娱乐公司。当迪斯尼公司第一次发行《小美人鱼》录像带时，他们制定的销售策略是：录像带的零售价规定为每张 20 美元（在当时相当于 160 元人民币）。但是每位消费者在买录像带的同时可以得到一张 5 美元的退款单，如果消费者把单子寄回迪斯尼公司，公司就会给他寄回 5 美元的退款，相当于买录像带只花了 15 美元。

我们不禁会问，为什么迪斯尼公司不直接把价格定为 15 美元，而非得把程序弄得这么复杂呢？这样只会增加一些不必要的开支，比如退款的手续费等，结果最后赚的钱还是一样的。

但是，事实上结果并不一样。我们假设迪斯尼制作录像带的成本是每张 14 美元，如果对所有的消费者实行统一的价格，那么迪斯尼公司只能把价格定为 20 美元（因为如果只卖 15 美元的话，公司就赚不到自己想要的利润）。那么这时候那些想花钱买录像带但是又不愿付 20 美元的消费者就买不到产品。比如一个消费者愿意花 16 美元买这录像带，虽然这时候公司卖给他的话是赚钱的，但是现在由于定价问题公司却赚不到这部分钱。

迪斯尼公司采用这样一种聪明的策略，如果那些不愿花 20 美元的消费者想买录像带，只需要在买过之后把退款单寄回公司，公司会给他退回 5 美元。而对于那些本来就不在乎花 20 美元买录像带的人来说，他们可能并不愿意花时间把信寄回公司（时间是有价值的，越是有钱人的时间，价值越大），所以公司相当于每盘录像带多赚了 5 美元。

迪斯尼作为一家垄断厂商，实行的其实是一种价格歧视的销售策略，通过这种差别化的定价占领更大的市场，获得更高额的利润。

术语小百科

所谓价格歧视，指的是厂商卖同样一件产品时，对不同的人定不同价格的行为。这种行为在我们生活中很常见，例如：电影票、火车票对学生和非学生的收费是不同的；一般来说越早买飞机票越便宜，越晚买飞机票越贵；买饮料时，第一杯全价，第二杯七折等都属于价格歧视的行为。

65

31. "波音"和"空中客车"——寡头市场

世界上存在着一个规模庞大的寡头市场——民用飞机市场，在这个市场里有两个领头企业：美国的"波音"和欧洲的"空中客车"，天空中纵横穿越的客机基本上都产自这两家公司。中国的客机也不例外，民用客机市场也被"波音""空客"两个企业共同垄断。到现在，民用客机市场已经成为全球垄断程度最高的行业之一。统计数据表明，波音公司和空客公司已经将这一市场，特别是干线飞机领域全部瓜分。飞机价格极其高昂但又不可或缺，可以想象，占据垄断地位的波音和空客会获得多么丰厚的利益。

在这里，这两个公司叫作"寡头"，民用飞机市场也就是所谓的"寡头市场"。

寡头市场，也称寡头垄断，是指某种商品的生产和销售由少数几家大企业所控制的市场。其特点是在该行业中厂商数量少并且相互影响，而商品的价格比较稳定，厂商们进出这个行业都不容易。

这里也许有个疑问，为什么其他的飞机公司不能进入这一市场呢？这两个公司没有权力禁止其他公司（包括本国或者外国的公司）进入客机市场，但是，他们却可以利用自己的强大实力打压其他公司，从而确保自己的霸主地位。

现实中，寡头垄断很常见。比如汽车、钢铁、造船、石化，以及我们正在谈论的飞机制造等行业都是比较典型的寡头市场。这些行业的突出特点就是"两大一高"——大规模投入、大规模生产、高科技支撑。这些苛刻的条件使得一般的厂商难以进入。而且，那些已经历长期发展、具备垄断地位的大型企业，为了保证对技术的垄断和丰厚的利益，也势必要采取种种高压手段打击竞争对手，绝不允许任何后来者与自己分享这一市场。这是现实，也是市场竞争的必然。

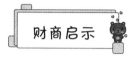

寡头市场有着长期发展所形成的优势，也有着明显的劣势。总的来说，就经济效率而言，由于长期以来寡头企业利润有着稳定、可靠的保障，加之缺乏竞争者的加入，因此寡头企业在生产经营上缺乏积极性，这会导致其效率降低。但是从另一方面看，由于寡头企业规模较大，往往便于大量使用先进技术，所以又有效率较高的一面。鉴于此，许多国家都在试图"扬长避短"，在保证其高效率的同时，制定相应政策法规抑制其低效的一面（比如，保护与寡头企业密切关联的其他中小企业的权利，打击垄断等），从而促进寡头市场的竞争。

67

寡头是指市场上存在的为数不多的几家企业，每家企业都很大，每家企业都有很强的市场控制力。"波音"和"空中客车"是民用客机市场的两家寡头，可口可乐和百事可乐是可乐市场的两家寡头。当然还有由多家企业形成的寡头市场，比如中国的通信行业就是由中国移动、中国联通和中国电信三家企业控制的。

32."波音"吃掉"麦道"——经济中的兼并

1996 年，"麦道"在航空制造业排行世界第三，仅次于"波音"和"空中客车"。该年"波音"以 130 亿美元的巨资兼并"麦道"，使得世界航空制造业由原来"波音""麦道"和"空中客车"三家共同垄断的局面，变为"波音"和"空中客车"两家之间的超级竞争。新的波音公司在资源、研究与开发等方面的实力急剧膨胀，其资产总额达 500 多亿美元，员工总数达 20 万人，成为世界上最大的民用和军用飞机制造企业。这对"空中客车"构成了极为严重的威胁，以至于两家公司发生了激烈的争执。在经过艰苦的协商、谈判后，波音公司最终被迫放弃了已经和美国几十家航空公司签订的垄断性供货合同，以换取欧洲对这一超级兼并的认可。但是不管怎样，前无古人的空中"巨无霸"由此诞生，并对世界航空业产生了巨大影响。

企业兼并如今已经屡见不鲜。当优势企业兼并了劣势企业，后者的资源便可以向前者集中，这样一来就会提高资源的利用率，优化产业结构，进而显著扩大企业规模、提高经济效益和市场竞争力。对于一个国家的经济而言，企业兼并有利于其调整产业结构，提高资源的利用效率。对兼并的研究，一直是经济学家的重点课题。

当今世界上，任何一个发达国家在其经济发展过程中，都经历过多次企业兼并的浪潮。美国就曾发生过多次大规模的企业兼并。其中发生于 19 世纪末 20 世纪初的第一次兼并浪潮充分优化了资源配置，不仅使企业走上了腾飞之路，而且基本塑造了美国现代工业的结构雏形。成功的企业兼并要符合这样几个基本原则："合法""合理""可操作性强""产业导向正确"以及"产品具有竞争能力"。同时，企业兼并还要处理好"沟通"环节，包括企业之间技术的沟通，以及人与人的交流。只有这样，才能使企业兼并发挥它的优势，否则就会适得其反，在未能达到兼并目的的同时反受其害。有统计表明，全球一半以上的企业兼并行为都没有达到预期的目标。从表面上看，企业规模是增加了，但却没有创造出经济效益，更有甚者，因为兼并使得企业失去了市场竞争力。

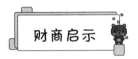

69

为什么许多大公司在发展过程中都喜欢兼并呢？其中一个非常重要的原因就是兼并能够扩大企业的规模，使得企业在竞争中更具垄断能力，获得更多的利润。但兼并可能会让市场中企业的垄断能力增强，影响市场的正常竞争，所以全世界对大公司的兼并都是严格管控的。

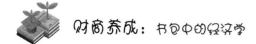

33. 可口可乐、百事可乐和七喜
——差异化经营

如今享誉全球的可口可乐，最初是用来治疗神经性头痛的，后来才被定义为饮料，走出药房，并在行业内形成垄断性优势。垄断经营使得可口可乐公司获得了巨大利润。

可口可乐遇到的第一个竞争对手是百事可乐。最初，没有找到方向的百事可乐一直过得很艰难，曾多次请求可口可乐公司将其收购，但可口可乐公司却对百事可乐不屑一顾，不愿意收购。于是百事可乐把品牌核心价值定位为"新一代的选择"，并进行全面规划，从而打破垄断，成为与可口可乐分庭抗礼的可乐品牌巨头之一。

可口可乐遇到的第二个竞争对手是七喜。七喜初创时，可口可乐与百事可乐已经足够强大，七喜完全是一个小角色。面对强大的竞争对手，七喜对美国当时的饮料市场进行了创造性地切割，把自己的产品定义为"非可乐"，以区别两大可乐公司，并开创出一个全新的产品品类，一跃成为美国第三大饮料品牌。

我们看到，在竞争的过程中，百事可乐采用感性的切割策略，以品牌价值诉求为切割点；七喜采用物理切割策略，以产品属性和功能特点为切割点。他们都用自己的方法分别使自己的产品有别于竞争对手的产品，通过差异化的经营获得了忠实于自己的客户群。同时它们也因差异化经营具有的垄断优势，获得了可观的利润。

财商启示

公司之所以不生产与别的公司完全相同的产品，最重要的原因是因为有差异才能形成垄断的局面。经济学告诉我们，垄断经营才能使企业获得更大的利润，所以公司才会努力地寻求差异化。同时，在竞争激烈的市场中，差异化经营也是公司能够生存下去的一种好办法。我们在生活中看到林林总总的产品，几乎找不到完全一样的，不同厂家生产不同功能的运动鞋、不同颜色和款式的衣服等，就是这个道理。

术语小百科

产品的差异化是现代企业经营的一种基本手段和方法。所谓的差异化，是指产品的主体功能一样但辅助功能或属性不同。比如不同样式和颜色的衣服就属于差异化的产品，不同品牌的手机也可以看成是差异化的产品。但水杯和手机就不能称为差异化的产品，而应该看成是完全不同的产品。

71

34. 英特尔公司和美国超微半导体公司的竞争

英特尔公司（Intel）成立于 1968 年，是全球最大的半导体芯片制造商。1971 年，英特尔推出了全球第一个微处理器，这不仅改变了公司的未来，而且对整个工业产生了深远的影响。微处理器带来的计算机和互联网革命，改变了整个世界。

CPU，中文称为中央处理器，是电脑的核心部件。在 1995 年以前，世界上只有英特尔这一家企业生产这种产品。由于没有其他企业与其竞争，英特尔公司获得了巨大的利润。1995 年，有少数几家新企业进入了该行业，其中最为著名的是美国超微半导体公司（AMD），它的产品在价格和质量方面具有优势，很快成为英特尔的重要竞争对手。

虽然，英特尔在市场上依然占据着绝对的优势，占有市场的大部分份额；但是这个时候有了竞争对手，并且两家公司没有在价格方面进行合作，导致了整个市场上 CPU 芯片价格的急剧下降。两家公司不断推出新产品并且都在尽力减少生产成本，压低价格，所以最终使得消费者能买到质量更好、价格更便宜的产品，同时也促进了技术的创新，节约了社会资源。

在竞争的压力下，无论是英特尔公司还是 AMD 公司的利润都大大下降了，AMD 公司的利润甚至一度达到负值。在这场竞争中最大的胜利者不是英特尔，也不是 AMD，而是广大的消费者。

财商启示

　　在经济学中，我们认为竞争市场才是一种有效率的市场。从上面的例子中我们看到，垄断不仅损害了消费者的利益，同时也造成创新不足以及生产成本过高的现象。只有在竞争的环境下，公司才会更加努力地去减少生产成本、开发新的产品、提高客户服务质量，才能在竞争中保持活力。

73

35. 狼和狮子的故事——垄断和竞争

　　玉皇大帝把两群羊放在草原上，一群在南，一群在北。玉皇大帝还给羊群找了两种天敌，一种是狮子，一种是狼。

　　玉皇大帝对羊群说："如果你们要狼，就给一只，任它随意咬你们。如果你们要狮子，就给两头，你们可以在两头狮子中任选一头，还可以随时更换。"南边那群羊想，狮子比狼凶猛得多，还是要狼吧。于是，它们就要了一只狼。北边那群羊想，狮子虽然比狼凶猛得多，但我们有选择权，还是要狮子吧。于是，它们就要了两头狮子。那只狼进入了南边的羊群后，就开始吃羊。狼身体小，食量也小，一只羊够它吃几天了。这样羊群几天才被追杀一次。北边那群羊挑选了一头狮子，另一头则留在玉皇大帝那里。这头狮子进入羊群后，也开始吃羊。狮子不但比狼凶猛，而且食量惊人，每天都要吃一只羊。羊群天天被追杀，惊恐万状。羊群赶紧请玉皇大帝换一头狮子。不料，玉皇大帝保管的那头狮子一直没有吃东西，正饥饿难耐，它扑进羊群，比前面那头狮子咬得更疯狂。羊群一天到晚只是逃命，连草都快吃不成了。

　　南边的羊群庆幸自己选对了天敌，嘲笑北边的羊群没有眼光。北边的羊群非常后悔，向玉皇大帝大倒苦水，要求更换天敌，改要一只狼。玉皇大帝说："天敌一旦确定，就不能更改，必须世代相随，你们唯一的权利是在两头狮子中选择。"北边的羊群只好不断更

74

换狮子。可两头狮子同样凶残，不管换哪一头，北边的羊群都比南边的羊群悲惨得多，它们索性不换了，让一头狮子吃得膘肥体壮，另一头狮子则饿得精瘦。眼看那头瘦狮子快要饿死了，羊群才请玉皇大帝换一头。这头瘦狮子经过长时间的饥饿后，慢慢悟出了一个道理：自己虽然凶猛异常，一百只羊都不是自己的对手，可是自己的命运是操纵在羊群手里的。羊群随时可以把自己送回玉皇大帝那里，让自己饱受饥饿的煎熬，甚至有可能饿死。想通这个道理后，瘦狮子就对羊群特别客气，只吃死羊和病羊。羊群喜出望外，有几只小羊提议干脆固定要瘦狮子，不要那头肥狮子了。一只老公羊提醒说："瘦狮子是怕我们送它回玉皇大帝那里挨饿，才对我们这么好。万一肥狮子没有了，我们没有了选择的余地，瘦狮子很快就会恢复凶残的本性。"羊群觉得老羊说得有理，为了不让另一头狮子饿死，它们赶紧把它换回来。

75

　　原先膘肥体壮的那头狮子，已经饿得皮包骨头了，并且也懂得了自己的命运是操纵在羊群手里的道理。于是，它竟百般讨好起羊群来。而那头被送交给玉皇大帝的狮子，则难过得流下了眼泪。

　　北边的羊群在经历了重重磨难后，终于过上了自由自在的生活。而南边那群羊的处境却越来越悲惨了，那只狼因为没有竞争对手，羊群又无法更换它，它就胡作非为，每天都要咬死几十只羊。南边的羊群只能在心中哀叹："早知道这样，还不如要两头狮子。"

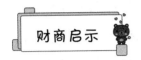

财商启示

　　这个故事反映了垄断和竞争对市场的影响。垄断是指某个市场上只有一个卖家或者买家的情形。在本故事中，南边的狼就相当于垄断者，由于没有被换掉的可能性，所以它可以为所欲为；而北边有两只狮子可供选择，所以狮子之间存在竞争，因此它们谁也不敢为所欲为。这就告诉我们有竞争比没有竞争要好很多。这也就是中国电力公司分为南方公司和北方公司，中国移动公司和中国联通公司以外还有中国电信在经营通信业务的原因了。

36. 嘉年华的大嗓门

环球嘉年华源于古埃及的庆祝活动，今天已经成为世界上最大的巡回式移动游乐场。

然而 2004 年，北京环球嘉年华的"大嗓门"却让周围居民叫苦不迭。嘉年华每天播放的音乐令他们心惊肉跳，夜晚游客们的尖声惊叫更让他们难以入睡。显然，嘉年华的做法妨碍了周围居民的生活。

有 38 户近 200 名经历了"心惊肉跳"的居民实在无法忍耐嘉年华的噪声，终于联合起来，开始同环球嘉年华北京投资有限公司进行谈判。

谈判进行得异常艰苦。区政府、环保局、信访办、老山街道居委会、雕塑公园、居民代表以及嘉年华公司都参加了这项旷日持久的谈判，最终的结果是：按照《中华人民共和国国家赔偿法》，嘉年华公司给每户每月 60 元补助，两个半月共计 150 元的适度补偿。人们提出赔偿的要求非常合理，尽管 150 元并不足以补偿睡眠，但至少会让嘉年华将这些社会成本考虑在内。

在现代经济学理论中，嘉年华给周围居民带来的这种影响被称作"外部性"，它表示一个经济主体的活动对旁观者的影响。

最先提出这个问题的是 20 世纪英国剑桥大学著名的经济学家阿瑟·塞西尔·庇古。庇古在 30 岁时成为任剑桥大学政治经济学教授，不仅创立了福利经济学，成为一代经济学大师，而且开创了研究市场失灵问题的先河。

一天，庇古乘火车穿过田间。他发现列车喷出的火花飞溅到麦穗上，给农民造成了损失，但铁路公司并不用向农民赔偿。于是他开始思考，最后将这种市场经济无力解决的问题称为"外部性问题"。

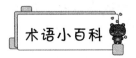

"外部性"是指在实际经济活动中，厂家或者消费者的经济活动对其他厂家或消费者的非市场性影响。经济学中的"外部性"有两种：一种是负外部性，指经济活动给其他人造成了不好的或者负面的影响。比如，故事中嘉年华的噪声、汽车排放尾气等都属于负外部性。另一种是正外部性，指经济活动给其他人造成了好的或者正面的影响。比如过年时，我们免费观看别人放的烟花，就属于正外部性。

37. 赔偿和补偿

　　外部性有好有坏。比如，养蜂人的蜜蜂为苹果花授粉，而苹果花用花蜜为蜜蜂提供食物，这是好的外部性；再比如，公园旁的居民能够获得免费的"景观"，这也是好的外部性。好的外部性也叫正外部性。而公路旁的居民不得不承受噪声和污染，这就是坏的外部性。坏的外部性也叫负外部性。

　　有时外部性还有些意想不到的好处。1971 年，美国经济学家斯蒂格勒和阿尔钦同游日本，他们在高速列车上想起了庇古当年的经历，于是好奇地询问列车员，铁路附近的农田是否受到列车的损害而减产，而列车员的回答着实令他们吃了一惊。恰恰相反，飞速驶过的列车把吃稻谷的飞鸟吓走了，农民反而受益，铁路公司也不会向农民收"赶鸟费"。可是，好的外部性问题常常被人们淡忘，人们记住的常常是那些不好的。

79

　　在庇古所处的时代，人们只是从习惯的角度出发，认为造成某种损害的一方应受指责，要么通过有效手段减少影响，要么赔偿损失。比如，一工厂排放的烟尘污染了周围 5 户居民晾晒的衣服，住户由此受损。现在有两个解决方法：

　　方案一：工厂花 150 元给工厂烟囱安装除尘器；

　　方案二：给每户买 1 台价值 50 元的烘干机，5 户共需 250 元。

　　在市场的作用下，工厂或居民都会自动采用方案一，因为这样最节省。但如果除尘器的价格是 1 000 元，那么工厂就会选择方案二。

经济学家们进一步提出，对制造污染要进行适当的"处罚"，比如向这些企业征收一定的"税"，人们把这种税称为"庇古税"。

如果经济中产生了负外部性，那么制造这种行为的经济主体就应给受到负面影响的消费者或企业予以赔偿。如果经济中产生了正外部性，那么受到正面影响的消费者或企业就应该给产生这种正面影响的经济主体予以补偿。

比如，游乐场的噪音影响了人们的生活，因此居民们提出了赔偿的要求。可居住在公路旁的居民也受噪音困扰，但他们大多选择自己安装隔音玻璃，很少对"公路"提出索赔。其实，每辆行驶在公路上的汽车才是"公路外部性"的"元凶"，他们应该对居民给予补偿。

38. 灯塔的故事——公共物品

在一个靠海的渔村里住了两三百个人，大部分人都靠出海捕鱼为生。港口附近礁石险恶，船只一不小心就可能触礁沉没，人财两失。村民们都觉得应该修建一座灯塔，好在有雾的夜里为人们指引方向。如果大家对灯塔的位置、高度、材料、维护都无异议，那么，剩下的问题就是怎么样分摊修建灯塔的费用。

既然灯塔能够保证渔船的安全，那就根据船只数量平均分摊好了。可是，船只有大有小，大船的船员往往比较多，享受到的好处也比较多，所以这样分摊可能不太合理。有人建议应该看捕鱼量，捞得的鱼多，收入也多，自然能负担比较多的费用。所以，依渔获量来分摊比较好。

81

但是，以哪一段时间的渔获量为准呢？要算出渔获量还得有人秤重和记录，谁来做呢？而且，不打渔的村民也享受到了美味的海鲜，也应该负担一部分的成本。所以，依全村人口数平均分摊最公平。然而，如果有人是素食主义者，不吃鱼，难道也应该出钱吗？可是，即使素食主义者自己不吃鱼，他的妻子儿女还是会吃鱼，所以还是该按全村人口平均分摊。那如果这个素食主义者没有妻子儿女，怎么办？所以还是以船只数为准比较好，船只数明确可循，不会有争议。

对此，依旧有人反对。因为有的家里有两艘船，却只在白天出海捕鱼，傍晚之前就回到港里，根本用不上灯塔，为什么要分摊？或者，又有人说："即使在正常时段出海，入夜之后才回港，但因为是老手，所以海里哪里有礁石，早就一清二楚，也就用不上灯塔。"

即使大家都（勉强）同意某种方式，可是，由谁来收钱呢？如果有人自告奋勇，或有人众望所归出面为大家服务，总算可以把问题解决了吧。

可是，如果有人事后赖皮，或有意无意地拖延时日，就是不付钱，怎么办？大家是不是愿意赋予这个"公仆"纠举、惩罚等"公权力"呢？

财商启示

灯塔的例子具体而深刻地反映了一个社会在处理"公共物品"上面临的困难。灯塔的光芒有利于大众，让过往的船只均蒙其利，不会因为你不付钱而把你排除在灯塔的光线之外。类似的例子很多，如果要在自己家附近的街道设一盏路灯，钱要由街坊邻居一起分摊、地点要由大家商量决定，这是一件非常烦琐且难以处理好的事。

82

术语小百科

灯塔，在经济学中是典型的"公共物品"。公共物品是指有非排他性和非竞争性的物品。所谓非排他性是指这种物品一旦被提供出来就很难避免被他人使用。比如，灯塔一旦修建好，大家都能享受到灯塔带来的好处。所谓的非竞争性，是指当你在使用这一物品时，也不影响他人使用这一物品。当灯塔照亮某艘船时，其他船只也会被照亮。比如公共交通、道路等都属于典型的公共物品。

39. 滥竽充数——"搭便车"行为

古时候，齐国的国君齐宣王爱好音乐，尤其喜欢听吹竽，手下有 300 个善于吹竽的乐师。齐宣王喜欢热闹，爱摆排场，所以每次听吹竽的时候，总是叫这 300 个人合奏给他听。

有个南郭先生听说了齐宣王的这个爱好，觉得是个赚钱的好机会，就跑到齐宣王那里吹嘘，说："大王啊，我是个有名的乐师，听过我吹竽的人没有不被感动的，就是鸟兽听了也会翩翩起舞，花草听了也会合着节拍颤动，我愿把我的绝技献给大王。"齐宣王很高兴，痛快地收下了他，把他编进那支 300 人的吹竽队伍中。

这以后，南郭先生就随着那 300 人一块儿合奏给齐宣王听，和大家一样拿优厚的薪水和丰厚的赏赐，心里得意极了。

其实南郭先生撒了个弥天大谎，他压根儿就不会吹竽。每逢演奏的时候，南郭先生就捧着竽混在队伍中，人家摇晃身体他也摇晃身体，人家摆头他也摆头，脸上装出一副动情忘我的样子，看上去和别人一样吹奏得挺投入，瞧不出什么破绽。南郭先生就这样混过了一天又一天，不劳而获地白拿薪水。

可是好景不长，过了几年，齐宣王死了，他的儿子齐湣（mǐn）王继承了王位。齐湣王也爱听吹竽，可是他和齐宣王不一样，他喜欢听独奏。于是齐湣王下了一道命令，要这 300 个人好好练习，做好准备，一个个轮流吹竽给他听。乐师们都积极练习，想一展身手，而滥竽充数的南郭先生却急得像热锅上的蚂蚁，惶惶不可终日。他想来想去，觉得这次再也混不过去了，只好连夜收拾行李逃走了。

　　滥竽充数的故事是经济学中"搭便车"行为的真实写照。"搭便车"最初是指，一些人需要某种公共物品，但事先宣称自己并无需要，在别人付出代价取得后，他们就不劳而获地享受成果。

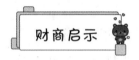

　　"搭便车者"是指想得到某种物品的好处却不为此付出的人。在这个故事里，南郭先生就是搭便车者。他没有付出劳动，而享受了其他乐师的劳动成果。南郭先生之所以能够成功"搭便车"，就在于齐宣王没有对乐师进行有效地监督。

　　像南郭先生这样不学无术靠蒙骗混饭吃的人，骗得了一时，骗不了一世。假的就是假的，最终逃不过实践的检验。我们想要成功，唯一的办法就是勤奋学习，只有练就一身过硬的真本领，才能经受得住考验。

84

第三部分

宏观经济

　　除了微观经济学，经济学中的另外一个重要分支是宏观经济学。宏观经济学研究一个国家或地区整体经济运行的情况。本单元主要介绍宏观经济学的基本概念和基本原理。

40. GDP——20世纪最伟大的发明之一

GDP被美国经济学家、诺贝尔经济学奖获得者萨缪尔森称为"20世纪最伟大的发明之一，是观察经济发展的卫星云图，可以反映经济的整体运行情况"。

GDP如此重要，那么究竟什么是GDP呢？GDP即国内生产总值，是指一个国家（或地区）在本国领土上，在一定时期内生产的全部产品和劳务的市场价值总和。在经济学中，GDP是衡量该国或地区的经济发展综合水平通用的指标，这也是目前世界各个国家和地区常采用的衡量经济的手段。GDP是宏观经济学中最受关注的经济统计数字，因为它被认为是衡量国民经济发展情况最重要的一个指标。

2019年2月，中国国家统计局发布了2018年中国国民经济数据。经初步核算，2018年中国全年国内生产总值为900 309亿元，比2017年增长6.6%。

通常判断一个人在事业及生活当中是否成功，首先要看他的收入水平。因为具有较高收入的人的生活水平一般也较高。同样的逻辑也适用于一国的整体经济，判断一个国家是富裕还是贫穷，通常是考查这个国家的GDP总量水平。没有GDP这个总量指标我们无法了解一个国家的经济的总体规模，增长速度是快还是慢，是需要刺激还是需要控制；没有GDP这个总量指标我们无法了解一国的经济增长速度与别国的差距，因此GDP就像一把尺子、一面镜子。

GDP 反映的是一个国家总体的产出能力和一个国家的总体实力。但对单个居民来说，人均国内生产总值，也称作"人均 GDP"，才是反映居民平均生活水平的重要指标。人均 GDP 常作为经济学中衡量经济发展状况的指标，是重要的宏观经济指标之一，也是人们了解和把握一个国家或地区的宏观经济运行状况的有效工具。

GDP，英文为 Gross Domestic Product，中文翻译为国内生产总值。它是指一个国家或地区在一个时期内（通常为一年）所生产出来的最终产品的市场价值的总和。它是全世界用来衡量一个国家或地区总的生产能力和经济能力的最常用的指标。GDP 除以人口数量，就得到人均 GDP（人均国内生产总值），它是衡量一个国家居民平均收入和平均生活水平的重要指标。

从相关统计数据可以看出，2018 年 GDP 排名前三的国家分别为美国（205 103 亿美元）、中国（134 572.67 亿美元）和日本（50 706.26 亿美元）；2018 年人均 GDP 排名前三的国家为卢森堡（114 234 美元）、瑞士（82 950 美元）和挪威（81 695 美元）。

41. 美国总统赚多少钱？——物价指数

1931 年，美国总统胡佛的年薪是 7.5 万美元；1995 年，美国总统克林顿的年薪是 20 万美元。在这近 60 多年里，美国总统的工资是增加了，还是减少了呢？

如果仅仅从货币量来看，美国总统的工资当然是增加了。但是我们知道，在比较收入时，重要的不是货币量是多少，而是这些货币能买到多少东西，即货币的购买力或货币的价值。用货币量衡量的工资是名义工资，用货币的实际购买力衡量的工资是实际工资。我们在比较不同年份美国总统的工资时应该比较实际工资，而不是名义工资。

89

当名义工资既定时，实际工资是由物价水平决定的。实际工资等于名义工资除以物价水平。衡量物价水平的是物价指数。物价指数也叫价格指数，是衡量物价总水平的指标。要比较不同年份美国总统的工资，首先要知道物价指数是如何计算出来的。

我们可以用一个例子来说明物价指数的计算。假设有 4 个面包，2 瓶矿泉水。2000 年，面包的价格为 1 元/个，矿泉水的价格为 2 元/瓶；2001 年，面包的价格为 2 元/个，矿泉水的价格为 3 元/瓶。

在 2000 年，这两种物品的费用（或支出）为：1 元×4+2 元×2=8 元。在 2001 年，这两种物品的费用（或支出）为：2 元×4+3 元×2=14 元。

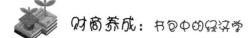

以 2000 年为基年，物价指数为 100，即 8 元/8 元×100=100。2001 年的物价指数为 14 元/8 元×100=175。

从 2000—2001 年，物价指数上升了 75，与 2000 年相比，2001 年的通货膨胀率为 75%。（如果 2001 年的物价指数低于 2000 年，则可以说，与 2000 年相比，2001 年发生了通货紧缩）

当然，我们用这个简单的例子只是为了说明计算物价指数的基本方法，实际计算中包括的物品与劳务要多得多，加权数与价格的确定也要复杂得多。消费物价指数反映不同年份居民消费的物品与劳务的物价水平的变动。物品与劳务包括食物、衣服、住房、交通、医疗保健、教育、娱乐等，具体名目及各种物品的加权数由统计机构根据一定的标准选定。

要比较不同年份美国总统的工资，我们就必须知道这一时期物价指数的变动。根据实际资料，以 1992 年为基年，消费物价指数为 100，则 1931 年的消费物价指数为 8.7，而 1995 年的消费物价指数为 107.6，因此，物价水平上升了 12.4 倍。我们可以按 1995 年美元的购买力计算 1931 年时胡佛总统的工资：

1995 年胡佛的工资=1931 年的名义工资×1995 年消费物价指数÷1931 年的物价指数=7.5×107.6÷8.7=92.7586 万美元。这就是说，胡佛的实际工资是克林顿的 4.6 倍，克林顿的工资仅为胡佛的 21%。

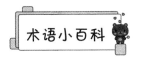

术语小百科

　　物价指数有很多种，其中大家听到最多的就是 CPI。CPI 又叫作居民消费价格指数，是反映一定时期内城乡居民购买的生活消费品价格和服务项目价格变动趋势和程度的相对数，是对城市居民消费价格指数和农村居民消费价格指数进行综合汇总计算的结果。利用居民消费价格指数，可以观察和分析消费品的零售价格和服务价格变动对城乡居民实际生活费支出的影响程度。如 2016 年，我国居民消费价格指数为 102.0，2017 年为 101.6，2018 年为 102.1。

42. 猎狗与失业

一个猎人养了几只猎狗，猎人每天都带狗去猎兔子，然后拿到集市上去卖。他的猎狗们也很卖力地工作，每天都能捉到几只兔子，日子过得很舒服。就这样过了几年，问题出现了。兔瘟开始流行，即使兔子的价格降得再低，也还是无人问津，猎人很苦恼，但是为了生活，他不得不另谋出路。猎人想：自己还有猎枪，不如去猎别的动物。经过观察，猎人发现这一带的野鸭子很多，而且本地人也很喜欢吃鸭子。于是，猎人就转而去打野鸭子了。

可是，这些猎狗怎么办呢？猎人曾试图让这些猎狗学会捕捉野鸭，但猎狗们似乎对捕捉野鸭没有兴趣，常常无功而返。养猎狗的开支很大，猎人根本养不起它们。没办法，猎人狠狠心，终于决定把猎狗赶出家门，让他们自谋生路。猎狗们没有办法，只能离开猎人的家，自寻职业去了。

失业主要是指未被雇佣而又正在主动寻找工作，或正在等待重返工作岗位的状态。失业率是失业人口占总劳动人口的比率。失业分为三类：摩擦性失业、结构性失业和周期性失业。摩擦性失业由于经济的调整或资源配置比例失调，使一些人在不同的工作中转移或等待。结构性失业的原因是劳动力的供给和需求不匹配。如果对一种劳动的需求上升，对另一种劳动的需求下降，而劳动的供给又未能及时地做出调整，这种不匹配的情况就有可能发生。周期性失业出现在对劳动整体需求比较低的时候。当宏观经济衰退时，失业率在所有领域都明显上升。

　　故事中的猎狗因为不能够适应新的工作对象和工作环境而失业，这属于结构性失业。

财商启示

　　失业是社会经济中的常见现象，但却不是个好现象。经济学家说过，高失业率不仅是经济问题，也是社会问题。之所以是经济问题，是因为它浪费有价值的资源。之所以会成为重要的社会问题，是因为它会使失业人员面对收入减少的困境而痛苦挣扎。在高失业率时期，经济上的贫困令人无法承受，影响着人们的情绪和家庭生活。

术语小百科

93

　　失业率是衡量宏观经济表现的一个重要指标，失业率等于失业人口数量除以总的劳动人口数量。根据中国国家统计局的数据，2019年12月全国城镇调查失业率为5.2%，也就是说在100个劳动人口中，有大约5.2个人是处于失业状态的。

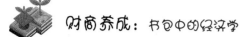

43. 是什么决定了我们的生活水平？
——劳动生产率

在国际货币基金组织（IMF）公布的 2018 年世界各国人均 GDP 排行中，卢森堡以人均 114 234 美元排在第 1 位，而处在第 192 位的南苏丹的人均 GDP 只有 303 美元，仅为卢森堡的 1/377，而中国则以人均 9 608 美元排在第 72 位。如果仅从数字来理解的话，我们可以简单地认为，一名卢森堡居民的收入可以抵得上 377 个南苏丹居民的收入。为何会产生如此惊人的收入差距呢？

哈佛大学经济学教授曼昆在《经济学原理》一书中，对这种国别间收入存在的巨大差距做了总结。他认为一国的生活水平取决于它生产物品与劳务的能力，即我们常说的劳动生产率水平。那么，我们该如何理解劳动生产率水平呢？

我们可以想象一下，在工业革命之前，农民耕种土地只能靠人力和畜力。在这种情况下，一个农民一年辛辛苦苦的劳作，换来的收入或许仅能解决一家人的温饱。工业革命之后，人类进入机械化时代，在各种农业机械设备的帮助下，原来由几百上千人才能管理过来的土地现在也许只需要几个人，而且辛劳程度也比以前大大降低了。从一个农民只能提供一两个人吃的粮食到现代社会农业发达国家一个农民可以提供成百上千人的口粮，这一过程便是劳动生产率提高的过程。

既然劳动生产率如此重要，那么又是什么原因导致了各国劳动生产率的巨大差异呢？

新技术的发展与运用对于提高劳动效率的作用是十分巨大的。拿计算机来说，一台普通计算机可以在 1 秒钟计算加法 20 亿次，如果让人工来算，假设一个人每秒可以计算 1 次，每天 10 个小时，每年 365 天不休息，那么，让他计算完 20 亿次也得花 150 余年。可见，新技术的发展与运用在很大程度上提高了我们的劳动生产率。

当然，影响劳动生产率的因素还有很多，如工人素质的高低（劳动熟练程度、受教育程度等），生产过程的组织与管理是否合理，自然资源的多寡，土地的肥沃程度等。

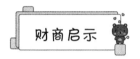

如果社会各个行业的劳动生产率都大幅度提高的话，生活在这个国家的人便可以通过高效率的生产活动来为大家提供足够多的生活所需的产品和服务，这个国家人民的生活水平自然会提高。

95

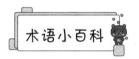

劳动生产率是指劳动者在单位劳动时间（比如 1 个小时）所生产的产品与劳务。比如工人甲 8 个小时共生产了 240 件产品，所以甲的劳动生产率为 30 件/小时；而工人乙 8 小时共生产了 320 件产品，所以乙的劳动生产率为 40 件/小时。这说明乙的劳动生产率高于甲的劳动生产率。

44. 克鲁格曼的预言——技术进步与经济增长

1994 年，美国经济学家、2008 年诺贝尔经济学奖得主克鲁格曼在美国的《外交》杂志上撰文，指出东南亚国家经济的高速增长是没有牢固基础的"纸老虎"，迟早要崩损。其原因在于这些国家的经济增长是由投入（劳动与资本）增加带动的，缺乏技术进步。此论一出，引起许多人士，尤其是东南亚人士的激烈反对。然而，克鲁格曼说对了。1997 年，东南亚金融危机的爆发使这个地区的经济严重衰退。没有技术的进步就没有持久而稳定的经济增长。

经济增长是人类社会生存与发展的基础。自从经济学产生以来，经济学家就关注经济增长问题。经济学的奠基人亚当·斯密研究的国民财富的性质与原因就是增长问题。在这些年的研究中，经济学家把经济增长的原因归为三类：一是制度；二是投入，主要指劳动与资本的增加；三是技术进步。这是现代经济增长理论所关注的问题，也是经济增长的中心。

经济增长的一个特点是生产率的提高。亚当·斯密把生产率的提高归因于分工和资本积累，这其中包含了技术进步。但明确把技术进步作为增长的重要因素之一的是美国经济学家索洛提出的新古典增长模型。

美国经济学家肯德里克等人在此基础上估算了劳动、资本和技术进步对增长贡献的大小。根据这一估算，经济增长一半以上是由技术进步引起的。技术进步包括知识进展、资源配置改善以及规模经济等。20 世纪 80 年代之后出现的新增长理论提出人力资本的增加同样体现了技术进步。

经济学家们建立了不同的新经济增长模型，这些模型从不同角度分析了资本、劳动、技术之间的内在关系，说明了技术进步在经济增长中的中心地位。这一点已得到公认，并指导各国经济增长政策的制定。

克鲁格曼之所以认为东南亚经济增长是"纸老虎"，就是因为这种增长来自劳动与资本的大量增加。仅仅依靠投入来增长，增长必然放慢，甚至衰退。克鲁格曼指出，东南亚经济增长中技术进步的作用不明显，没有起到应有的中心作用，缺乏技术创新能力。无论在理论还是实践方面，"技术进步是增长的中心"已无人怀疑。21 世纪将是技术突飞猛进的时代，占领技术制高点才有经济增长点。

现代经济增长要依靠技术进步，这一点已成为现代经济学的共识。就像我们熟知的那句话一样："科学技术是第一生产力。"先进的技术可以让等量的资源发挥更大的作用，可以更好地发挥劳动、资本的效力，使得经济持续增长。同样的道理，努力学习，投入更多的学习时间是必要的，但如何更好地利用这些学习时间则更重要。好的学习方法、好的学习规划就类似于我们前面讲的技术，可以让同样的学习时间发挥更大的效力。

45. 过山车与经济周期

到过游乐场的人大多坐过过山车，一会儿猛冲上去，一会儿又狂掉下来，十分刺激。经济有时也像过山车，一会儿迅速扩张极其繁荣，一会儿急剧收缩衰退严重。经济学家把经济中类似过山车的现象称为经济周期。不过，这种过山车可不好玩。经济学家追求的不是过山车式的忽上忽下，而是一种稳定状态。寻找经济波动的原因，找出稳定之路，是经济学家的任务。

经济周期是经济中扩张与衰退的交替。这种交替实际上并没有规律，也难以对其做出准确的预测。经济活动最高点称为顶点，是经济的极盛时期，但这个顶点也是经济向下的转折点，经济由此进入衰退。衰退的最低点称为谷底，是经济的最低时期，但这个谷底也是经济向上的转折点，经济由此进入扩张。从一个顶点到另一个顶点（或从一个谷底到另一个谷底）就是一个周期。但每个周期有多长、扩张多长时间、衰退多长时间、什么时候出现顶点或谷底并没有规律可循，也难以预测。

自从进入市场经济，经济周期就出现了。早在 19 世纪，经济学家就注意到了这一现象并进行了研究，所提出的理论不下几十种。第二次世界大战以后，经济周期仍然存在，尽管波动程度不像战前那样严重，但对经济的不利影响仍不可忽视。所以，经济周期理论在宏观经济学中十分重要。

经济周期理论有两大类：一类称为内生经济周期理论，认为经济周期的原因在经济体系内，是由市场机制调节的不完善性所引起的；另一类称为外生经济周期理论，认为经济周期的原因在经济体系之外，是由外部冲击引起的。

各种不同的理论都能解释一些不同的经济周期现象，但至今为止并没有一种公认的、唯一正确的理论。看来各种经济周期理论是互相补充的，而不是互相排斥的。

术语小百科

经济周期又称为经济波动，是指经济的基本趋势上下波动的现象。一个理想化的经济周期中有低谷，有高峰。

46. 大萧条

冬天到了，天气转冷。一个小孩问妈妈："天这么冷，我们为什么不烧煤取暖呢？"妈妈说："因为你爸爸失业了，我们没钱买煤。"

"爸爸为什么失业？"小孩又问。

"因为煤太多了。"妈妈无奈地说。

这个故事发生在 1929 年的世界性的经济大萧条期间，经济危机对家庭生活造成了很大影响。1929 年 10 月以前，美国经济持续繁荣，经济规模增长了 50% 以上，年均工业增长近 4%。当时的媒体和经济学家们认为美国不会再出现经济危机，并宣扬起"永久繁荣"的言论。当时的总统甚至向人民公开许诺，要让美国人"家家锅里有两只鸡，家家有两辆汽车"。

然而，一些不和谐的经济数据和现象却被忽略了。比如，美国农业长期处于不景气状态，农村购买力不足。1919 年时，农场主的收入占全部国民收入的 16%，而在 1929 年只占全部国民收入的 8.8%，农场主纷纷破产。此时农民的人均收入只占全国平均收入的 1/3 左右。贫富差距大幅度拉开，社会财富渐渐集中在少数人手中。全美最大的 16 家财阀控制了整个国家国民生产总值的 53%，全国 1/3 的国民收入被占人口 5% 的最富有者占有。在经济一片繁荣的背后，约 60% 的美国家庭还挣扎在温饱水平上，更为严重的是，有 21% 的家庭年收入无法维持基本的生活。此时，发财致富成了人们最大的梦想，投机活动备受青睐，有组织的犯罪活动频繁发生。一部分人终日沉醉于物质享乐，而精神生活匮乏，社会道德开始沦陷。所有的这一切都在酝酿着一场巨大的经济危机。这场危机就是我们所谓的"经济大萧条"。

这场大萧条从 1929 年的美国开始，持续到 1933 年，席卷了英国、德国、法国等主要资本主义国家，这也是人类历史上最严重的经济危机。

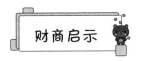

1929 年开始的这场经济危机，对世界经济和经济学的发展影响非常大。它告诉我们如果用纯粹的市场经济模式来解释，当经济发展到一定阶段时，会遇到一个临界点，这就是 1929 年美国经历的危机。经济繁荣的背后很有可能是经济衰退，而经济衰退也预示着下一个经济增长点的到来。该如何应对这些危机呢？凯恩斯的宏观经济学应运而生，为解决经济危机提出了新的理论思考。

101

47. 1997 年东南亚金融危机 和 2008 年全球经济危机

　　1929 年大萧条后，全世界经济虽然也有波动，但总体一直向好。可是 20 世纪 90 年代以来，全世界的经济却发生了两次非常大的衰退，这就是 1997 年的东南亚金融危机和 2008 年的全球经济危机。

　　1997 年 7 月 2 日，泰国被迫宣布泰铢与美元脱钩，实行浮动汇率制度，当日泰铢汇率狂跌。和泰国具有相同经济问题的菲律宾、印度尼西亚和马来西亚等国迅速受到泰铢贬值的巨大冲击。同年 10 月 17 日，继泰国等东盟国家金融风波之后，我国台湾地区的台币贬值，股市下跌，掀起金融危机第二波，不仅使东南亚金融危机进一步加剧，而且引发了包括美国股市在内的大幅下挫。同年 11 月下旬，韩国汇市、股市轮番下跌，形成金融危机第三波。与此同时，日本金融危机也进一步加剧，先后有数家银行和证券公司破产或倒闭。从 1998 年 1 月开始，东南亚金融危机的重心又转移到印度尼西亚，形成金融危机第四波。直到 2 月初，东南亚金融危机恶化的势头才被初步遏制。

　　2008 年的经济危机实际上始于 2007 年。2007 年美国次级房屋贷款危机初现端倪，后来逐渐演化为美国的金融危机。美国大量银行倒闭、股市崩盘、美元贬值，美国经济严重下滑。接着，美国的金融危机逐渐波及全世界，多个国家的金融系统受到严重冲击，股价大跌、货币贬值、银行破产，其中尤以欧洲受影响最大。之后，全世界的实体经济受到金融危机的影响，出现了大衰退，全球性的经济危机产生了。大量企业破产，工人失业，同时欧洲一些国家，比如希腊、爱尔兰、葡萄牙等出现了主权账务危机。2008 年开始，世界主要国家认识到问题的严重性，采取了很多有力的措施，才使得这场经济和金融危机没有再蔓延，并在后续的几年中逐渐缓解和消除。2008 年的这场危机，被认为是继 1929 年大萧条后全世界最严重的一次经济衰退。

1997 年和 2008 年的经济危机都始于金融危机。经济和金融密切相关，金融危机很容易演变为经济危机。为了避免类似情况再次出现，防范金融风险和金融危机也是各个国家金融业发展过程中的重要课题。

术语小百科

金融危机又称金融风暴，是指一个国家或几个国家与地区的全部或大部分金融指标（如短期利率、货币资产、证券、房地产、土地价格、商业破产数和金融机构倒闭数）的急剧、短暂和超周期的恶化。金融危机爆发的原因是错综复杂、多种多样的。但有一点很明确，一旦金融危机处理不当，就很容易演变成经济危机。

103

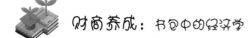

48. 经济危机之宏观调控

1929 年出现了席卷整个世界的经济危机，经济学家对此无可奈何，因为这次危机打破了对传统经济学的认识。英国在这时出现了一位伟大的经济学家，叫约翰·梅纳德·凯恩斯（1883—1946 年）。凯恩斯在 1936 年出版了一本书，名字是《就业、利息和货币通论》，这就是著名的《通论》。这本书的出现是经济学历史上的一个重要里程碑。凯恩斯说，那只"看不见的手"解决不了经济危机问题，经济这么萧条，股市这么低迷，失业这么严重，你们没招，我行。我的这招叫"看得见的手"。

104

所谓"看得见的手"就是国家干预经济生活。政府没钱，就发国债，用以拉动经济，刺激经济提升。他讲过一个"挖坑"的故事：雇两百人挖坑，再雇两百人把坑填了，这叫创造就业机会。雇两百人挖坑时，需要发两百把铁锹，因此，生产铁锹的企业开工了，生产钢铁的企业也开工了，之后还得给工人发工资，这时食品等消费也有了。凯恩斯举这样一个浅显的例子，是想说明当一国经济萧条的时候，政府是有办法的，政府应该出来做事，用这只"看得见的手"，通过发国债、增加政府支出的方式刺激经济，让经济不再萧条。

说到凯恩斯，他有很多传奇的故事。凯恩斯小时候是个数学神童，成绩非常好，1902 年获得剑桥大学奖学金，进入剑桥大学国王学院数学系读书。可是第一学期下来，他没能考中第一名，这才发现自己并不是什么神童。他想，既然自己数学不能名列第一，就决定不做数学家。那做什么好呢？就去当文官吧，可以周游世界。英国的文官考试非常严格，要旁听很多课，通过考试才能取得文官资格。他有幸旁听了英国另一位伟大的经济学家阿尔弗雷德·马歇尔（1842—1924年）的"经济学原理"课程。马歇尔是微观经济学的集大成者。凯恩斯坐在教室后面听课，同学们没有注意到他，教授也没有注意到他，可是当他把考卷交上去之后，马歇尔教授发现他是个天才。马歇尔在答卷上这样写道："这是一份非常有说服力的答卷，深信你今后的发展前途绝不止一个经济学家而已！但如果你能成为伟大的经济学家，我将深感欣慰。"果然，凯恩斯后来成了伟大的经济学家，创立了现代宏观经济学。

凯恩斯认为，当经济不景气的时候，国家可以加大财政支出，发行公债，刺激经济，运用宏观调控的手段解决经济问题。他认为供给不会自动创造需求，政府要去刺激需求、拉动经济，靠"看得见的手"、靠国家干预来解决社会的经济问题。西方国家的经济在他的理论指导下开始复苏。美国总统富兰克林·罗斯福采用了他的国家宏观调控理论，建立了很多基础设施，使美国经济快速走出了大萧条的阴影。

105

术语小百科

宏观调控由经济学家约翰·梅纳德·凯恩斯所提出，是指政府运用政策、法规、计划等手段对经济运行状态和经济关系进行调节和干预以保证国民经济持续、快速、协调、健康地发展。经济之所以需要宏观调控，是由于在现实经济中，那只"看不见的手"——市场，有时候不能很好地发挥作用，这就需要用"看得见的手"——政府，进行宏观调控了。目前政府宏观调控的政策主要有两类：财政政策和货币政策。

49. 小布什的减税——财政政策

小布什总统运气不太好，当他费尽九牛二虎之力登上总统之位时，美国经济进入了衰退期。如何使经济保持克林顿时期的繁荣是小布什上台伊始面临的考验，这也是小布什提出减税的背景。减税如何刺激经济呢？这就需要我们了解财政政策。

财政政策是政府运用支出和税收来调节经济的工具。支出与税收影响总需求，从而成为调节经济的重要工具。具体来说，政府支出包括政府物品与劳务的购买、政府公共工程的投资和转移支付。税收主要是个人所得税和公司所得税。政府增加物品与劳务的购买刺激私人投资，政府公共工程投资的增加本身就是投资，政府增加转移支付就增加了个人可支配收入，从而刺激了消费；政府减少个人所得税，增加了个人可支配收入，刺激了消费；政府减少公司所得税则刺激了私人投资。所以，增加政府支出和减税是扩张性财政政策，相反，减少政府支出和增税是紧缩性财政政策。小布什的减税属于扩张性财政政策。同时，小布什还准备增加国防开支，这既巩固了美国在世界上的强国地位，又可以刺激经济，可谓一箭双雕。

在美国历史上，财政政策的确起过重要作用。20 世纪 30 年代的罗斯福新政就是增加政府支出的例子。当时政府增加公共工程投资（如田纳西河治理），对恢复经济起到了积极作用。第二次世界大战后，艾森豪威尔政府投资高速公路建设也有效地防止了战争经济向和平经济过渡时的经济衰退。20 世纪 60 年代肯尼迪和约翰逊政府实行减税，也促成了当时的经济繁荣。20世纪80年代里根政府的减税无疑是当时美国经济复苏的重要原因。相反，在经济衰退时不采取这类财政政策会加剧经济衰退。小布什的父亲老布什由于在1991—1992年的经济衰退中没有采取有力的财政措施，在竞选中败给了克林顿。看来小布什吸取了历史经验，也从父亲的失败中得到了教训，一上台就准备采取减税的政策。

财政政策具有调节经济的作用。如果为了有效刺激经济，既增加支出又减少税收，就必然增加财政赤字。克林顿执政时已成功地减少了赤字，如果小布什又使赤字增加，肯定不利。其次，如果没有货币政策的配合，扩张性财政政策就会增加总需求，引起利率上升，利率上升又会抑制私人投资。这种增加政府支出减少私人支出的后果被称为财政政策的"挤出效应"。挤出效应削弱了扩张性财政政策的作用。另外，国际经济环境也起到了限制作用。因此，政策的有效性需要时间来检验。

107

术语小百科

财政政策是指政府利用财政收支制度，通过调整税收、公共支出和转移支付等手段调节社会供求关系，实现资源合理配置和经济良好发展的方针、政策和措施的总称。比较典型的做法，比如2008年为了应对全球的经济危机，中国出台了积极的财政政策，有效地抑制了经济危机，保证了中国乃至全世界经济的稳定发展。

50. 美联储的魔术——货币政策

　　在美国，美国联邦储备系统（简称美联储）是美国的中央银行。美联储主席在其任期内被认为是仅次于总统的第二号人物。他的一言一行都受到全国和全世界的关注。他知道自己"一言可以兴邦，一言可以灭邦"，因此说话特别谨慎。美联储主席用什么魔术对经济产生了这么大的影响呢？这就需要我们了解货币政策。

　　货币政策是中央银行通过调节货币量和利率来影响经济的政策。简单来说，中央银行增加货币量，降低利率可以刺激经济，这称为扩张性货币政策。相反，中央银行减少货币量，提高利率可以抑制经济，这称为紧缩性货币政策。中央银行在经济衰退、失业严重时采用扩张性货币政策；在经济扩张、通货膨胀加剧时采用紧缩性货币政策。

　　我们用美国 20 世纪 90 年代的情况来说明货币政策的作用。克林顿政府上台时美国经济处于衰退中，为了刺激经济，美联储采用了扩张性货币政策，降低利率，增加货币量。这种政策有两个显著的作用。第一，增加了投资。在总需求中，投资是最重要的。降息减少了企业投资筹资的成本，企业愿意投资。以知识为基础的新经济带动了电子、信息、生物工程等新兴行业的大量投资。降息鼓励了投资。这些部门迅速发展，带动了美国经济的发展。第二，降息提高了股票价格。在经济中，利率与股价反方向变动。当利率下降时，人们把资金用于购买股票，股价上升。由于美联储降息，股价一路上升，道·琼斯工业平均指数突破 1 万点大关。股市的活跃进

一步鼓励了投资。同时，美国许多人拥有股票，股价上升使他们的资产增加，这就加强了消费者的信心，刺激了消费增加。美联储的降息魔术对经济的刺激作用不可低估。

当20世纪90年代末，美国经济有过热的迹象时，美联储又提高利率，防止可能出现的通货膨胀加剧。进入21世纪后，美国经济有衰退的迹象，美联储又降息，美联储正是交替运用扩张性和紧缩性货币政策来调节经济，使经济处于低通货膨胀的持续增长中。这一政策总体上是成功的。

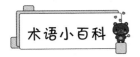

财商启示

　　货币政策是一种间接的手段，从运用政策工具到影响各种利率，再到真正影响经济有一个过程。根据经济学家的研究，从开始采取货币政策到这种政策完全发生作用，需要6~9个月的时间，这种作用大约会持续两年。货币政策并不是立竿见影的，这就要求中央银行正确地预测未来的经济趋势，及时采用相应的货币政策。比如，如果预测经济在今后某一段时间会出现衰退，就要提前采用扩张性经济政策。如果经济衰退已经发生，再采用货币政策就来不及了。美联储有一大批专家密切关注美国经济的动向，进行经济预测。这是美联储的货币政策能起到积极作用的基础。

109

术语小百科

　　货币政策是指一个国家为了实现特定的经济目标而采取的各种控制和调节货币供给量的方针、政策和措施的总称。货币政策的主要制定者是各国的中央银行，在中国就是中国人民银行。大家在媒体中听到的降准降息、量化宽松等都是具体实施货币政策的方法。

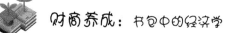

51. "国会保姆经济"的故事
——通货膨胀与通货紧缩

美国国会有一帮议员，为解决照看小孩的困难，以家庭为单位组成了一个互助俱乐部。该俱乐部制作了一种专用票券，分发给每位成员。谁要有事外出，就把小孩托付给其他人照看，同时向对方支付一定的票券，而拿到票券的人，又可以在下次以同样的方式使用。在俱乐部里，因为各个家庭彼此信任，又确实存在调剂服务的需要，所以保姆票券给大家带来了方便，一直运作良好。直到某一天，有人准备外出度假，开始积蓄票券，问题就出现了。积蓄票券的人，为了将来度假时有大把票券可用，在努力向他人提供服务的同时，尽量保证自己的票券不外流。如果这样做的人不多，影响便不会太大，一旦大家都这样做，就会产生比较明显的影响，会使得其他人觉得自己手上的票券吃紧。这时候，如果大家都害怕自己的票券不够用，就会刻意减少外出，赚取票券的机会就会减少；而当票券不好赚时，大家又会特别珍惜手头的票券，更加不愿外出……如此互相影响，形成恶性循环，到最后造成严重后果，互助俱乐部的活动被迫中止，"保姆经济"全面萧条。

从这个事例中可以看出，一个制度和要素都非常健全的经济体系，仅仅因为缺乏足够的交易媒质，就出现了事与愿违的困境。商业兴衰可能与实体经济的强弱无关，好的经济也可能出现衰退的问题。而解决的办法，按照经济学家的意见就是增加票券的供给。结果是戏剧性的，票券积累得越多的人，越愿意外出。于是，保姆券越来越多，愿意外出的人也越来越多，俱乐部重新开了张。

财商启示

在"保姆经济"的故事中，有人储藏票券造成票源紧张，类似于经济学中通货紧缩的现象。由于通货紧缩的出现，交易活动受到阻碍，价格水平下降，同时影响社会产出，此时，如果增加货币供应，确实能解决问题。不过，增发货币解决的是交易媒质不足的问题，而不能解决社会实际需求不足的问题。如果增发货币过量且方法不当，会造成价格信号紊乱和资源异常流动，破坏经济秩序，变成有害的通货膨胀。要避免通货紧缩，就要让货币增长，货币增长有可能扰乱经济秩序，所以货币增长应该保持一个稳定的比率。以美、英两国为首的各发达工业国，大多公开奉行稳定增长的货币政策。当然，货币增长速度与经济增长同步，通货膨胀为零是最好不过的，但这基本上是可遇不可求的事情。

111

术语小百科

通货膨胀是指在纸币流通条件下，由于货币供应量过多，使有支付能力的货币购买力超过商品可供量，从而引起货币不断贬值和一般物价水平持续上涨的经济现象。通货紧缩通常被定义为价格水平普遍地、持续地下降，同时货币供应量和经济增长率也会持续下降的经济现象。

我们举一个例子来说明什么是通货膨胀。比如在某一年中，经济生产出100个单位的产品，经济中拥有的货币量为100元，那么每一个物品的价格为1元/单位；如果现在经济的产出没变，但经济中拥有的货币量为200个单位，则每一个物品的价格为2元/单位，价格水平就由1元/单位上涨为2元/单位，此时就出现了通货膨胀的现象。

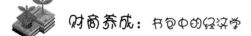

52. 汇率变动如何影响我们？
——以人民币升值为例

现在，全世界联系得越来越紧密，各国贸易和各种交往越来越多，每年有很多中国人出国旅游，也有很多外国人到中国访问。我们出国旅游时，需要把中国的货币，即我们使用的人民币换成旅游目的国的货币，才能在当地消费。把人民币兑换成当地货币，并不是1∶1的兑换，这里有个兑换比率——汇率。比如2020年1月27日的汇率为1美元=6.936 4人民币（或者1人民币=0.144 2美元）。当人民币变得越来越值钱，即1人民币能够兑换到更多美元时，我们就称人民币升值。反之，称为人民币贬值。人民币币值的变化给我们的经济生活带来的影响是深远的。下面我们通过生动的小故事来看看人民币升值是怎样影响我们的生活的。

我们假设2010年的汇率是1美元兑换7人民币，2011年的汇率是1美元兑换5人民币，这就意味着人民币在2011年相对于2010年升值了，变得更值钱了。

2010年，一个美国人到中国旅游，他用10万美元兑换了70万元人民币，在中国旅游了一年，花了20万元人民币。2011年，他要回国了，因为人民币升值，美元对人民币的汇率变为了1∶5，这个美国人用剩下的50万元人民币换到了10万美元。来时10万美元，回去还是10万美元，美国人高高兴兴地回家了。

2010年，一个中国人到美国旅游，他用70万元人民币兑换

10 万美元，在美国旅游了一年，花了 2 万美元。2011 年，他要回中国了。这时，美元对人民币的比率变成了 1：5，这位中国人用剩下的 8 万美元兑换到 40 万元人民币，比出去时的 70 万元减少了 30 万元，而他实际才花费了 2 万美元（按当时汇率算为 14 万元人民币），损失 14 万元，中国人极度郁闷地回家了。

2010 年，一个中国人到美国打工，用 70 万元人民币兑换到 10 万美元。在美国辛辛苦苦工作了一年，赚了 4 万美元。2011 年，他要回国了，因为美元对人民币的汇率变为 1：5，这个中国人用 14 万美元换到了 70 万元人民币。来时 70 万元人民币，回去还是 70 万元人民币，他悲伤地回家了。

可见，人民币升值后，从短期来看，老百姓口袋里的钱将更"值钱"，出国旅游、购买外国物品等都会更加便宜。但是对持有美元资产的家庭和企业来说，这些资产会逐渐缩水。例如人民币升值降低了出国留学的学费和生活费。假设到美国留学每年的学费和生活费为 2 万美元，那么按照美元对人民币 1：7 的汇率来计算大概需要 14 万元人民币；而假设美元对人民币的汇率升至 1：6，那就只需要人民币 12 万元，每年可以为家庭节省 2 万元。

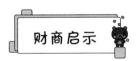

人民币升值还将直接改变中国产品和国外产品的相对竞争优势以及外债成本，也就是说如果人民币升值会使人民币相对于外国货币变得更加值钱了，即外国商品变得相对便宜了，则进口企业花同样的钱就可以换回更多的商品；而本国产品变得相对昂贵了，则出口企业出口同样的商品就可以换回更多的外汇。而对于拥有外债的

个人或企业，人民币升值则会使他们拥有的外债用人民币衡量时相对减少，从而产生财富再分配，使他们受益。

　　汇率是指是指两种货币之间的兑换比率，也可以看作是一个国家的货币对另外一个国家货币的价值。汇率的标价方法有两种，一种是直接标价法，它是以 1 单位（或 100 单位）外国货币兑换为多少本国货币来表示的。另一种就是间接标价法，它是以 1 单位（或 100 单位）本国货币兑换为多少外国货币来表示的。中国用的是直接标价法，以 2010 年 1 月 27 日的汇率牌价为例：

　　1 美元＝6.9364 人民币

　　1 欧元＝7.6529 人民币

　　1 日元＝0.06361 人民币

53. 欧元的诞生改变了什么？

在 2002 年以前，大部分欧洲人都很烦恼，那就是他们可能今天到欧洲的这个国家，明天又到欧洲的那个国家，每次到一个新的国家，都要兑换当地的货币：德国的马克、法国的法郎、意大利的里拉、荷兰的荷兰盾、西班牙的比塞塔等。这种兑换非常烦琐，浪费了大量的人力、财力和物力。为了解决这一问题，也为了更好地促进欧洲国家之间的相互交流和共同发展，通过多年努力，2002 年 1 月 1 日，欧洲单一货币——欧元正式进入流通。现在的欧洲，各国之间无边防，不需要办理什么手续，加之货币统一，不但方便了欧洲人，也方便了各国游客。欧元不仅仅使欧洲市场得以完善，使欧元区国家间自由贸易更加方便，而且更是欧盟一体化进程的重要组成部分。

欧元票面值越大，纸币面积越大。所有面值的纸币正面图案的主要组成部分是门和窗，象征着合作和坦诚精神。12 颗星围成一个圆圈，象征欧盟各国和谐地生活在欧洲。纸币的背面是桥梁的图案，象征欧洲各国联系紧密。各种门、窗、桥梁图案分别具有欧洲不同时期的建筑风格，币值从小到大依次为古典派、浪漫派、哥特式、文艺复兴式、巴洛克式和洛可可式、铁式和玻璃式、现代派，颜色分别为灰色、红色、蓝色、橘色、绿色、黄褐色、淡紫色。欧元区内各国印制的欧元纸币，正面、背面图案均相同，纸币上没有任何国家标识。硬币有 1 分、2 分、5 分、10 分、20 分、50 分、1 元、2 元 8 种面值。欧元区 19 个国家的硬币只有一面图案相同，另一面不相同。

欧元的诞生和流通都要归功于区域经济一体化。经济区域化是指在一定的区域范围内，地理相邻的国家建立经贸合作组织，通过契约或协定，促使资本、技术、劳动、信息、劳务和商品的自由流动和有效配置，维护共同的经济利益的动态过程，同时也是国家间在经济上进行不同程度的联合或合作，在特定领域内实现跨国性的统一过程。欧盟当之无愧是当今世界上一体化程度最高的区域政治、经济集团组织，从区域化合作开始到一体化进程，开启和引领了世界区域经济一体化的浪潮，也是当今全世界各种区域经济一体化组织中最成功的典范，在全球事务中的影响与日俱增。

财商启示

116

欧元不仅促进了欧洲经济的融合，还促进了欧洲社会文化的融合。各国间的文化相互渗透，给欧洲人生活在同一"屋顶下"和"新欧洲"命运共同体的感觉。欧元自然而然地成为推进欧洲一体化的新动力。

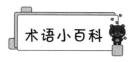

术语小百科

欧元（Euro）是欧元区 19 国共同使用的统一货币。1999 年 1 月 1 日，使用欧元的欧盟国家实行统一的货币政策；2002 年 7 月，欧元成为欧元区唯一合法货币，原来每个国家自己的货币完全退出流通。这 19 个欧元区国家为德国、法国、意大利、荷兰、比利时、卢森堡、爱尔兰、西班牙、葡萄牙、奥地利、芬兰、立陶宛、拉脱维亚、爱沙尼亚、斯洛伐克、斯洛文尼亚、希腊、马耳他和塞浦路斯。

54. 贸易保护主义对一个国家是否利好？

国际贸易就是各国的商品交换。为什么各国不能"自给自足"而必须参与国际贸易呢？因为各国在商品交换中可以获得更大的利益。早在 1817 年，经济学家李嘉图就在他出版的著作《政治经济学及赋税原理》中提出了比较优势理论来解释自由国际贸易的好处。他提出，如果一国生产一种产品的机会成本比另一国低，该国在这种产品的生产上就有比较优势。之后的经济学家继承了李嘉图比较优势的思想，并用机会成本来解释比较优势。任何一个国家无论生产率（绝对优势）如何，一定有自己的比较优势，因此，各国之间的交易就是双赢的。这种以比较优势为基础的国际贸易理论一直是自由贸易理论的中心，也是自由贸易政策的基础。

然而，当今世界许多国家为了保护本国的产业，都或多或少地实行贸易保护主义。下面我们通过一个例子来看看贸易保护主义是否能够保护一国的利益。

1984 年，巴西通过一项法令禁止进口大部分外国计算机来保护本国的计算机产业。该法令得到了严格的执行，专门的"计算机警察"在公司的办公室和学校的教室中搜查非法进口的计算机。

这样做的确很难使外国的计算机进入巴西市场，巴西政府似乎达到了保护本国计算机产业的目的，但是结果却是令人震惊的。巴西生产的计算机在技术上非常落后，而消费者却要支付 2~3 倍于世界市场的价格来购买本国生产的低劣的计算机。根据一项统计，这项法令使巴西消费者每年多支付约 9 亿美元来消费本国计算机。同时，由于巴西的计算机价格太高，在国际市场上没有竞争力，所以巴西的计算机公司不能通过向其他国家出售产品而获得规模经济效益。计算机的高价也损害了国民经济其他部门的竞争力。1990 年，巴西经济部长说："由于这一不理智的国家主义，我们变得更加落后，计算机产业的问题严重阻碍了巴西工业的现代化。"

来自巴西消费者和企业界的压力以及美国对外开放市场的要求，迫使巴西在 1992 年废除了计算机进口禁止令。在不到一年的时间里，圣保罗和里约热内卢的电器商店里便摆满了进口的笔记本电脑、激光打印机和移动电话，巴西的公司开始从计算机革命中获益。

可见，贸易保护不一定都是好的。

 118

正如曼昆在其著名的经济学教材《经济学原理》中指出的那样："贸易可以使每个人的状况变得更好。"经济学中的比较优势理论说明，如果每个国家都生产自己有优势的产品，最后通过互相交换得到本国不擅长生产的产品，这对于世界人民来说是一件好事。

55. 马太效应

《圣经·新约》的《马太福音》第二十五章中写道:"凡有的,还要加给他叫他多余;没有的,连他所有的也要夺过来。"它讲述的是这样一个故事:

一个国王远行前,交给三个仆人每人一锭银子,吩咐道:"你们去做生意,等我回来时,再来见我。"国王回来时,第一个仆人说:"主人,你交给我的1锭银子,我已赚了10锭。"于是,国王奖励他10座城邑。第二个仆人报告:"主人,你给我的一锭银子,我已赚了5锭。"于是,国王奖励他5座城邑。第三仆人报告说:"主人,你给我的1锭银子,我一直包在手帕里,怕丢失,一直没有拿出来。"于是,国王命令将第三个仆人的1锭银子赏给第一个仆人,说:"凡是少的,就连他所有的,也要夺过来。凡是多的,还要给他,叫他多多益善。"故事的寓意非常明确,就是让富有的更富有,让贫穷的更贫穷。

马太效应是由美国科学史研究者罗伯特·莫顿在1973年正式提出的。他发现:"对已有相当声誉的科学家做出的科学贡献给予的荣誉越来越多,而对那些未出名的科学家则不承认他们的成绩。"莫顿用这句话概括了当今社会中存在的一个普遍现象:强者愈强,弱者愈弱。这个现象在社会心理学、教育、经济、金融等领域广泛出现。

在经济学中,马太效应反映的社会现象呈两极分化,富的更富,穷的更穷。在现代社会中,我们看到地价越拍越高,房子越涨越抢,越抢越涨。在股市狂潮中，赚钱的总是庄家，赔钱的总是散户。有钱人利用自身优势，变得越来越有钱，而穷人却越来越穷。所以，如果不加以调节，普通大众的金钱，就会通过某种形式聚集到少数人群手中，进一步加剧贫富分化。这就是经济学中讲的"马太效应"。当贫富分化太严重时，就需要国家采取相应的措施进行纠正，这也是现代国家的一个重要职能：维护社会公平。

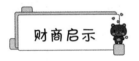

马太效应对于领先者来说就是一种优势的累积，当你已经取得一定成功后，就更容易取得更大的成功。物竞天择，适者生存，强者随着优势的积累，将有更多的机会取得更大的成功和进步。所以，如果你不想在所在领域被打败的话，就要成为这一领域的领头羊，并且不断地扩大优势。这是马太效应积极的方面。但它消极的方面就是很多人认为现代社会是一个"赢者通吃"的社会，强者总会更强，弱者反而更弱，非常不公平。

120

马太效应是指任何个体、群体或地区，一旦在某一个方面（如金钱、名誉、地位等）获得成功和进步，就会产生一种积累优势，就会有更多的机会取得更大的成功和进步。社会各个层面都会出现马太效应。在经济学中，马太效应指资源不断向优势方集中，出现强者恒强，弱者恒弱的不公平现象。

第四部分

货币与金融

　　现代经济大量使用货币，那什么是货币呢？货币的产生也促使了金融行业的出现。邓小平同志说过："金融是经济的核心。"本单元主要介绍货币的基本概念以及金融的相关知识。

56. 什么是货币？

在我们的生活中，似乎永远离不开一个话题，那就是钱。对于我们的衣食住行来说，没有钱是根本无法想象的。去服装店买衣服需要付钱，晚上坐在餐桌前吃的每一口饭菜都是用钱买来的，乘公交车去上学需要投币，居住的房子也是用钱买的。我们生活在这个世界上，几乎无时无刻不在跟钱打交道。

钱，或者说货币既然这么重要，那它是怎样产生的呢？

最初，我们的祖先是不用货币的。早期人类要想得到自己想要的东西，必须用自己所拥有的东西跟他人交换。假设你是一个猎人，很喜欢喝茶，而张三那里有很多茶叶，你带上自己的猎物，比如一只鹿，去跟张三换茶叶。可张三告诉你，他那里已经有鹿了，而他希望拿茶叶换一把斧子。这时，你突然想起李四那里有很多斧子，于是你兴冲冲地跑去找李四，正好李四想吃鹿肉，于是你们成交了，你用一头鹿换了一把你并不需要的斧子。你再拿着斧子去找张三换茶叶，不巧的是，在你去找李四换斧子的时候，王二麻子已经抢在你前面，用一把斧子换走了张三的茶叶。于是，你拿着一把你并不需要的斧子回家了。

在没有货币的年代，人们之间想要进行交易是很难的。后来，我们的祖先找到了几种东西作为交易的中介，例如贝壳，牛羊等，这些就是最早的货币。但这些东西要么价值太小，要么体积太大，用来做交易实在很不方便。例如以牛羊作为货币，当你想买东西时

123

就赶上一群牛羊。如果你想买一包茶叶，但一只羊可以换四包茶叶，这时交易就难以进行了，毕竟，你不能把羊切下一块来支付吧。

牛羊等作为货币存在的缺点使人们不得不重新考虑用一种新的东西来代替。从商朝开始，人们用铜铸造成铜币在市场中流通。在我们国家铜币一直使用了上千年，直到清朝末年还在流通。但随着生产力的发展，交易量不断增加，铜币作为货币的缺点就暴露了出来。毕竟铜币的价值太低，一笔大的交易需要大量的铜币。于是人们便继续寻找一种价值更大、体积更小、更容易切割且不易损坏的金属来作为货币，而黄金恰恰具备了这些属性。于是，人类进入了"金本位时代"，即以黄金作为本币的货币制度。在金本位制下，每单位的货币价值等同于若干重量的黄金（即货币含金量）。金本位制的建立极大地促进了贸易的发展，为国际贸易的发展提供了便利。

124

然而世界上的黄金数量毕竟太少，迅速发展的经济与黄金的有限供给之间便产生了矛盾，于是，法定货币便顺势推出了。现在，你我手中所持有的货币都不能用来向银行换取黄金。现在的货币是国家依靠法律强制人们接受的一种货币，本身并没有什么价值，但却可以作为支付手段像黄金一样用来购买东西，这就是法定货币。

财商启示

而今，很多交易都不再使用现金了，而是通过电子货币进行支付。常见的银行卡就是其中一种，只需要刷卡，就能完成交易。货币形态经历了从有形到无形这一重大转变，货币形态的不断发展使我们的交易变得越来越方便。

货币的演进其实是严格遵循经济学规律的，新货币的出现减少了交易成本，即货币使用不便造成的各种成本，货币未来的发展方向也将会遵循这样的规律。

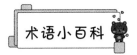

术语小百科

在经济学中，货币是指能充当交易媒介（或者说支付手段），具有价格尺度（或者说度量价格）、价值储藏等功能的金融资产。货币的形式不断演变，从最早的贝壳、牛羊，到后来的贵金属，比如金、银，再到现在的纸币和电子货币。未来货币会呈现什么样子，我们现在还不得而知。

57. 格雷欣现象——劣币驱逐良币

货币的出现极大地方便了人们的交易，也促进了经济和社会的发展。我们知道很长时间里，人们都是用黄金作为货币来进行交易的。在这个过程中，出现了一个非常有趣的现象，经济学中称为"格雷欣现象"，即通常所说的"劣币驱逐良币"的现象。接下来我们看看它是怎么发生的。

假如用黄金作为货币，一个纯金金币可以购买一只羊。随着经济的发展和交易量的增多，金币不够了，于是政府就铸造了新的金币，方便流通和交易。但是新铸的金币却不是纯金币，它含有一定量的铜。虽然含铜金币也可以买到羊，但是这种含铜金币的价值实际上是低于原来的纯金币的。于是，慢慢地，大家就把价值高的纯金币保留起来，不用于交易，而把价值较低的含铜金币用于交易。最后，纯金币逐渐退出市场，市场中充斥的都是含铜的金币，于是出现了劣币（含铜金币）驱逐良币（纯金币）的现象。这一现象最早由英国的财政大臣格雷欣所发现，所以把这一现象称为"格雷欣现象"或"格雷欣法则"。当然"劣币驱逐良币"现象的出现，使得现实中货币量减少，货币质量变差，对市场交易和经济活动都产生了非常不利的影响。

"劣币驱逐良币"现象在现实生活中也经常可见。比如，在一个公交站内有两种人，一种是守规矩排队的，另一种是不守规矩插队的。公交车来了，插队的人冲在前面挤上了公交车，而排队的人没挤上车，只能继续等待。过了一会儿，又来了一辆公交车，情况依然如此，插队的人挤上了车，排队的还在等待。等第三辆公交车进站时，谁还会去排队呢？几乎没有人！最后大家都不排队，都去挤车，社会秩序变差。这就是一个非常典型的劣币（插队的人）驱除良币（排队的人）的现象。

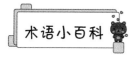

术语小百科

格雷欣法则，指的是劣币驱逐良币的现象，是当一个国家同时流通两种实际价值不同的货币时，实际价值高的货币（良币）会被保留和收藏而退出流通领域，而实际价值低的货币（劣币）反而充斥市场的现象。

127

58. 中央银行——银行的银行

中央银行是一国最高的货币金融管理机构，在各国金融体系中居于主导地位。中央银行到底是怎么产生的呢？它到底能起到什么作用呢？我们通过下面的例子就可以了解中央银行的产生、演变和职能。

假设一个岛上有很多居民，与世隔绝，人们通过生产和交换彼此的物品来生活。但有时候手里用来交换的东西不一定就是对方想要的，怎么办？于是人们就用大家都喜欢的金银作为交换的中介，于是交换方便了。但金银要磨损，携带也不方便，当交换活动频繁时，还会限制交易活动。为了解决这个问题，大家想了一个办法，由岛上的管理者发行一种符号来代替金银。于是钞票出现了。

刚开始这种钞票可以随时兑换金银，大家都很放心，因为钞票就是金银。可是岛上金银的产量太小，当人们的交换活动更加频繁时，钞票不够用了，于是只能暂停交换。暂停交换的后果就是大家不再进行生产了，因为即使生产出来，但由于缺乏货币，也交换不出去。套用现在的话就是经济发展减速、停滞了。

于是大家想了一个办法，成立一家钱庄，这个钱庄是大家的，由钱庄来发行钞票，印出的钞票借给需要用钱的人，等这个人有钱了再还给钱庄。于是银行就出现了。

银行的出现，能保证交换活动持续进行。大家都拼命地生产，岛上的东西越来越多，银行根据产品的生产数量，不停地印制钞票，以保证交换能更深入地进行。

后来人们的交换活动更加频繁，一家钱庄太少了，于是出现了更多的钱庄。但总要有个管钱庄的吧，于是指定一家钱庄管理其他钱庄，并且只能由这家钱庄印制和发行钞票。那么印制发行钞票并管理其他钱庄的钱庄就是我们现在所说的中央银行。

财商启示

中央银行是一家特殊的金融机构，是货币经济发展的产物，是国家管理经济的职能部门。它承担发行货币、发展经济、制定执行金融政策的责任，是国家机构的重要组成部分。它的领导人由国家任命，是具有一定特权的特殊法人。它的运作不以营利为目的，存款不付息、为政府服务不收费、资产流动性大，并且能够控制信用、调节货币流通。

129

术语小百科

中央银行是"发行的银行"，它发行货币，对调节货币供应量、稳定币值有重要作用。

中央银行是"银行的银行"，它集中保管银行的准备金，并对它们发放贷款，充当"最后的放款者"。

中央银行是"国家的银行"，它不以营利为目的，它管理国库，同时还承担着发展经济等国家赋予的其他任务。

中国的中央银行是中国人民银行，成立于1948年，是中华人民共和国国务院组成部门，在国务院的领导下，制定和执行货币政策，防范和化解金融风险，维护金融稳定。

59. 商业银行

我们身边有许多银行，最常见的有中国农业银行、中国建设银行、中国工商银行、中国交通银行等。我们把这些除了中央银行之外的银行称为商业银行，因为它们都是以营利为目的的。

那么，大家有没有想过，银行到底有什么作用？为什么会有这么多的商业银行？下面我们用一个小事例来说明。

假设在某个岛上住着很多的村民，刚开始的时候，大家过的都是自给自足的生活，互相之间都不需要借钱。但是有一天，村民甲突然发现了一种新的生产方式，能够大大提高生产的速度，但是用新方法生产需要其他人的配合，同时还需要更多的资金。这个时候村民甲就只能向其他人去借钱来买工具和雇佣人手。但是这个岛屿很大，大家住得都比较远，互相之间都不太了解，这种情况在经济学中称为"信息不对称"。在信息不对称的情况下，甲想要借到足够的钱是很难的，因为没有人愿意借钱给一个不认识的人。

而这个时候，乙发现了这个问题，并且认为如果由一个人来专门从事这种中介活动，即一方面从大家手里筹集资金，另一方面把资金贷给那些需要的人，对每个人都是有益的。因为这个专门的负责人比普通村民更了解那些需要借钱来开发项目的人，所以村民们可以放心把钱借给这个中介者并且还能获得利息。而同时，贷款者也能够获得足够的资金来开发项目。于是，乙就成立了一家机构专门从事存款和贷款等业务，这家机构就是商业银行的雏形。

随着经济的发展，大家还发现假如 A 向 B 借了 5 万块钱，而 A、B 在银行都有存款的情况下，只要 A 向银行要求把 5 万块钱从他的账户划到 B 的账户，他们之间的账款就可以结清了，而不需要 A 拿着 5 万块钱亲自跑到 B 处去还。

以上就是商业银行的两大功能：信用中介功能和支付中介功能。当然商业银行还有许多其他的功能，如果大家有兴趣可以看看相关的介绍。

商业银行具有很多优越的职能。经济越发达，这种金融机构也会越来越发达，会给社会带来更大的好处。

商业银行是指通过吸收存款、发放贷款等业务，充当信用中介和支付中介的金融机构。大家比较熟悉的中国的商业银行有：中国工商银行、中国农业银行、中国银行、中国建设银行、中国邮储银行、交通银行、招商银行、中信银行等。国外的商业银行有：汇丰银行、渣打银行等。

60. 为什么要买保险？

假如一个人得了非常严重的病，他的100个朋友每人拿出1 000元来帮忙，总共能筹得10万元。但是，假使这个人有1万个朋友，每一个人只要拿出10元钱，就能凑到10万元。一个人拿出10块钱太容易了，但是要认识1万个朋友却谈何容易。然而，保险能帮你结交1万个朋友，当其中任何一个人发生不如意的事情时，我们都会拿出10块钱来帮助他，凑成10万元解决他的困难和危机。如果不如意的事情发生在我们身上，别人也会拿出10块钱，凑成10万元来帮助我们。所以保险其实就是"我为人人，人人为我"的一种制度设计。保险公司是公平合理地收集、管理、分配互助基金的中间人。我们平时帮助的人愈多，当遇到困难时，别人也能帮助我们愈多。

人们因为厌恶风险而规避风险，保险应运而生。保险是人们为了应对由意外事件，比如疾病等引起的财务风险而购买的基金。人们向保险公司支付保险费，换回一个承诺，即如果被保险的事件发生，保险公司将进行赔偿。保险并没有消灭风险，而是分担了风险：风险原来由投保人自己承担，现在由保险公司承担。

通俗地讲，"保险"就是"互助"，互相帮助解决经济上的困难。保险公司提供一个多人互助的平台。在传统的社会里，如果家里发生了意外，我们都会通知亲戚朋友并请他们来帮忙，但是亲戚朋友是有限的，发挥的力量也是有限的。

买保险主要是为了规避风险，即花少量的保险费，避免大的经济损失。保险就像一把保护伞，为未来提供一份保障。它把个体承担的风险分散到每个投保人身上，让每个人都不至于因为某些意外事件而陷入无法自拔的困境。国家大力促进保险业的发展，就是想通过这样一种方式使我们的社会更加稳定和谐。

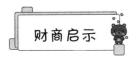

财商启示

保险行业是现代金融的重要组成部分，是市场经济条件下风险管理的基本手段。保险既体现一定的经济关系，又是一定的法律行为，即依据保险合同，一方交付保险费，另一方承担他方因自然灾害和意外事故所致损失赔偿责任的法律行为。交付保险费的一方就是投保方，而承担赔偿责任的往往就是保险公司。中国现在有很多保险公司，比较有名的有：中国人寿保险股份有限公司、中国平安保险股份有限公司、中国太平洋保险股份有限公司等。

133

61. 股票和股票市场

"我可以计算天体运行的轨道，却无法计算人性的疯狂。"这是牛顿在1720年炒股赔钱后的哀叹。那一年，牛顿买了一只南海公司的股票，没等股票大涨他就将其卖掉了。可卖掉以后，这只股票开始"疯涨"，牛顿又高价买入，结果买入后股票崩盘，赔了两万多英镑。

那么，令人疯狂的股票到底是什么呢？让我们通过一个简单小故事来了解股票的真相。

小王刚搬到一个新的小区，发现小区周围没有一家超市，买东西相当不方便。小王认为这是一个绝好的投资机会，但问题是小王没有足够的钱来开一家超市。这时候，小王想出了一个办法，那就是给自己的超市发行股票来筹集资金。

小王的想法吸引了很多人，大家觉得小王开超市肯定可以赚不少钱，因此踊跃购买小王公司的股票，成为了股东。假设总共发行了10万股，每股1元钱，则小王从股东那里筹集到了10万元钱，超市顺利开张了。正如小王预想的那样，第一年，超市赚了10万元。年终的时候，小王召开了股东大会，并通报了盈利情况，股东们很高兴，因为年初投入的每一块钱现在都有了1块钱的利润。股东们觉得小王应该留出一部分利润（比如说一半）用于扩大经营规模。因此，公司留下了一半的利润（称为留存收益），其余的利润按每股 0.5 元分配给所有的股东。

简单来说，股票就是一种凭证，你有权从所持股票的公司的盈利中获得收益。但如果公司经营得不好，亏损了，那么你手中的股票就不那么值钱了。比如原来每股 1 元钱，现在可能会变成 0.8 元。所以这时股东就要承担股价下降、股票贬值的风险。

公司发行股票的最终目的是为了筹集所需要的资金，而股东购买股票，就是看中了公司的盈利能力，希望通过股票投资赚钱。股票的发行使得企业家可以获得所需资金，同时又使股东们的钱能够更有效地发挥作用，这促进了社会的发展和进步。

股票发行之后，可以在市场上交易。如果你觉得手中的股票不好，就可以卖出；如果你觉得某家公司的股票好，也可以买入。我们把买卖股票的地方称为股票市场，简称股市。

135

股票在股市中交易和买卖，因此股票价格是有波动的。股票价格总体上涨时，我们称之为"牛市"，也叫"多头市场"。这是因为价格上扬时市场热络，投资人与证券经纪人挤在狭小的证券交易所中，万头攒动，如传统牛集市的圈牛群一般壮观，故戏称为"牛市"。牛在西方文化中也是财富与力量的象征。

相反，当股票价格总体下降时，我们称之为熊市，又称为"空头市场"。"熊市"的名称，源于美国西部拓荒时代，美墨两国边境的牛仔闲暇时常常赛马、斗牛，或是抓灰熊来斗牛，人们围观下注，以此为娱乐活动。后来美国人就把熊和牛视为对头动物。既然多头市场称为"牛市"，空头市场就称为"熊市"。

为什么股票或股市会让人着迷和疯狂呢？这是因为股票的价格会不断上涨和下跌，会让股票持有人的财富一会儿增加一会儿下降，让人捉摸不透。比如，现在股票价格为每股 10 元钱，我有 10 000 元钱，那我正好可以买 1 000 股股票。第二天，股票价格上涨为每股 11 元钱，那我现在的股票就值 11 000 元钱，我的财富就增加了。但第三天这只股票的价格跌到每股 8 元钱，现在我的股票就只值 8 000 元了，我的财富就缩水了。因为股票价格有时候变化非常大，所以股票持有人的财富水平变化也非常大。大家都很想搞清楚股票价格为什么、什么时候会涨或跌，这固然令人着迷，但同时也意味着股票和股市的投资风险非常大。

62. 从众心理——羊群效应

投资大师格雷厄姆在《证券分析》中为我们讲述了一则寓言故事：一位石油大亨死后获准升入天堂，但他在天堂的门口被圣·彼得拦住了。圣·彼得告诉了他一个糟糕的消息："虽然你生前的善行足以让你有资格升入天堂，但天堂里分配给石油大亨居住的地方已经爆满了，我无法把你安插进去。"这位石油大亨听完，想了一会儿后对圣·彼得说："能否让我进去跟那些住在天堂的人们讲一句话？"在得到同意后，这位石油大亨就对着天堂里的人大喊："地狱里发现石油了！"听闻消息后，天堂里所有的石油业者都争先恐后、蜂拥奔向地狱。圣·彼得看到这种情况非常吃惊，便恭请这位石油大亨进入天堂。但是，这位石油大亨迟疑了一会儿说："不了，我想我还是跟那些人一起到地狱去碰碰运气吧，没准真有石油呢。"

大家可能觉得很好笑，可这确实是在金融投资中，特别是在股票投资中经常出现的现象。我们把这类现象叫作"羊群效应"。曾经有这样一个实验：在一群羊前面横放一根木棍，第一只羊跳了过去，第二只、第三只也会跟着跳过去。这时，把那根棍子撤走，后面的羊走到这里仍会像前面的羊一样，向上跳一下。这就是所谓的"羊群效应"，也称"从众心理"。

现在的"羊群效应"是股票投资中的一个术语，主要是指投资者在交易过程中盲目学习与模仿的现象。这些投资者盲目效仿别人，在某段时期内与别人买卖相同的股票，造成股票价格剧烈地波动。

当股票价格上涨时，大家都买入这只股票，于是股票价格不断被推高；反之，当股票价格下跌时，大家又一窝蜂地卖出股票，使得股票价格进一步走低。从众心理使得股票价格波动幅度增大，加剧了投资风险。这也给投资者出了一个难题，若从众追涨，就往往追到高价位，最后成为接盘侠，损失惨重；若不从众，特立独行，又难以克服心理上的恐惧。

羊群效应或者从众心理，不仅在经济、投资领域会出现，在现实生活中也经常出现。比如大家都在看某部电视剧，某人为了显得合群，也跟着看这部电视剧，但这个人未必就真喜欢这部电视剧。再比如，大家都在用苹果手机，于是我也开始使用苹果手机，但也许苹果手机并不适合自己。羊群效应从经济学的角度上讲是一种非理性的行为。如何克服这种从众心理，做出理性的选择，是值得我们认真思考的问题。

经济学里经常用"羊群效应"来描述经济个体的从众、跟风心理。"羊群效应"告诉我们，市场中的普通大众往往容易丧失基本判断力，人们喜欢凑热闹、人云亦云。很多时候我们不得不放弃自己的个性去"随大流"，因为我们不可能对所有事情都了解得一清二楚，对于那些不太了解、没把握的事情，往往没有主见。除此之外，持某种意见的人数的多少是影响从众的最重要的因素，很少有人能够在众口一词的情况下，还能坚持自己的不同意见。

63.　复利

一个爱下象棋的国王棋艺高超，从未遇到过敌手。为了找到对手，他下了一份诏书，不管是谁，只要下棋赢了国王，国王就会答应他任何一个要求。

一个年轻人来到皇宫，要求与国王下棋。紧张激战后，年轻人赢了国王，国王问这个年轻人要什么奖赏，年轻人说他只要一点小奖赏：在他们下棋的棋盘上放上麦子，棋盘的第一个格子中放一粒，第二个格子中放进前一个格子中数量两倍的麦子，接下来每一个格子中放的麦子数量都是前一个格子中的两倍，以此类推，一直将棋盘每一个格子都摆满。国王没有仔细思考，以为要求很小，于是就欣然同意了。但很快国王就发现，即使将自己国库中所有的粮食都给他，也不够他要求的百分之一。从表面上看，青年人的要求起点十分低，从一粒麦子开始，但是经过多次翻倍，就迅速变成非常庞大的天文数字。

上面的这种增长方式类似于经济学中的复利。复利是计算利息的一种方式，简单地说，利息是我们存钱时银行每年给我们的回报，但是要计算利息，还需要有利率。只要大家仔细观察，就会发现每家银行大厅都有个电子板，上面标着每种存款每年的年利率，比如活期存款年利率为 2.7%，它指的是存 100 块钱每年能够付给你 2.7 块钱的利息。

简单地理解复利就是利滚利，一笔钱开始可能很少，但通过复利就可以达到难以想象的巨大额度。比如一个 25 岁的年轻人，投资 1 万元，每年赢利 15%，到 65 岁时，就能获得 200 多万元的回报。

一个国家，只要保持稳定的经济增长率就能实现经济繁荣，从而增强综合国力，改善人民的生活。从这个角度来看，"可持续发展"实质上是追求复利的另一种说法。企业的发展壮大也是一种复利效应。有的企业只追求眼前利益，在企业竞争力和企业文化方面缺乏积淀，没有发展后劲，久而久之，企业要么发展不下去，要么仍然是小打小闹。但有的企业目光远大，设定了远景目标，注重可持续发展，善于利用市场中提供的机会扩大规模，使企业的发展能够一年一个台阶地稳步发展。虽然中间也会有波折，但通过几十年甚至上百年的努力，就会成为一个世界著名的大企业。

财商启示

从广义上来看，人生中也有和复利效应类似的道理。比如，一个人一年取得的成就也许微不足道，但如果他每年都能在过去的基础上前进，长期地积累，就会获得巨大的成就。随着时间的推移，同样的起点却迎来不同的人生，这就是"复利"的力量在人生历程中的体现。

术语小百科

复利就是利滚利或利上加利，一笔存款或者投资获得回报之后，再连本带利进行新一轮投资，这样不断循环，就是复利。同样的初始条件，而利率不一样，时间长短不一样，就会产生差异很大的结果。比如一开始我们只有100元，在第1年里，当利率为1%时，我们可以得到101元；当利率为2%时，可以得到102元。到第10年的时候，当利率为1%时，我们可以得到110.46；当利率为2%时，则可以得到121.9元；以此类推。

64.　套利

春秋末年，吴国和越国是两个相邻的国家。某天吴国与越国之间发生矛盾，吴国规定越国的 100 钱只能换吴国 90 钱；越国不甘示弱，规定吴国的 100 钱只能换越国 90 钱。此时，有个聪明的吴国人认为机会来了。于是，他先在吴国用吴国的 100 钱买了 10 钱的酒，这时他还剩下 90 的吴国钱，然后他在吴国用这 90 钱换成越国的 100 钱。然后他去到越国，用 100 越国钱同样买了 10 钱酒，这时他还剩下 90 的越国钱，然后他用这 90 越国钱在越国兑换成 100 吴国钱。最后他拿着这 100 吴国钱回到了吴国。如此一来，这个人手里的钱一分也没少，但却可以在吴越两国之间来回喝酒。吴国人的这种行为就称为套利。此人手里的钱并没少，那么，是谁在替他买单呢？

最初，100 吴国钱是可以换 100 越国钱的，但后来由于两国的矛盾，人为规定了兑换比率，这就产生了货币的错误定价，偏离了原本的兑换价格，从而出现了套利机会。根据两国货币或者商品的错误定价，在两国间买卖该货币或者商品，赚取它们之间的差异（这个故事里的差异是 10 钱）的行为就是套利。在该故事中，实际替此人买单的是卖酒的酒家。如果扩展到全部商品，也就是所有的商品都能进行套利，并被他人无成本地获取，那么买单的就是所有商品的生产者。需要说明的是，在一段时间内，这些利益是有限的。随着越来越多的套利行为的发生，最终将无利可图。如果两国货币恢复到正常的定价情况，这一收益会慢慢消失，最终为零。当这一收益为零的时候，两国间的货币就会被追逐利益的力量调整回正常水平，也就是吴越两国还是 100 钱兑换 100 钱。

套利是不用付出成本就能获取收益的一种状况。因为人都是逐利的，所以当人们都追逐这一利益时，利益会被大众慢慢消化，最终趋于零，所以套利往往是不会长久的。

套利对普通的生产者也是不公平的，因为在这一活动中，可交易商品量减少，生产出来的产品被他人免费占有，生产者就白白损失了利润。如今，股市、房市、外汇市场中经常都会出现套利现象。

术语小百科

142

套利通常指在某种实物资产或金融资产（在同一市场或不同市场）拥有两个价格的情况下，以较低的价格买进、较高的价格卖出，从而获取无风险收益的行为和现象。举个例，比如苹果手机刚上市的时候，在香港的价格就低于在内地的价格，很多人就从香港购买苹果手机然后在内地销售，获取差价，这种行为就是套利。现在很多网上的代购都可以看作是套利行为。

65. 风险投资

　　春秋战国时期，宋国有一个叫监止子的大商人，他在市场看到很多人在争购一块璞玉（未经雕琢的玉胚）。大家出的价约100金。监止子看到这块玉的确是一块美玉胚子，但他又不愿意多付钱，于是便想了一个点子。他假装在看玉的时候失手，将玉摔到地上，摔坏了。这样一来，别人都不争了。卖主要求赔偿，他就按大家出的100金赔给了卖主。监止子把玉拿回去，进行修理加工后，变成了一块美玉，卖价竟达到1 000金，获得了10倍的利润。从今天的经济学角度来看，只摔破一小块，无损玉的价值，所以最后可以卖到1 000金。但万一整个摔破呢？监止子就得白白付出100金。监止子的这一行为冒了很大的风险。我们把这种行为称为风险投资。

143

　　现实的经济生活中有很多风险，且风险的种类不同。比如说这块玉的成色属于系统风险，也就是不可以规避的风险；监止子假装失手属于非系统风险，也就是可以规避、可以控制的风险。在上面的例子中，监止子冒了一个玉可能被摔坏的风险，让自己从中渔利。

　　现实中，往往冒的风险越大，获得的利益也越多。但是千万要记住，冒风险是有成本的，风险越大，可能付出的代价越大、成本越高。因此，我们在从事风险投资的时候，要考虑风险带来的收益和成本，要认真地权衡其中的利弊，这样才能做出正确的风险投资决策。

财商启示

经济学中有投机和投资之分，它们之间最大的区别就是面临的风险不同。一般而言投机的风险较大，但是收益也大；投资的回报比较慢，但是风险较小。希望大家以后在面临选择的时候能慎重地权衡风险和回报之间的关系。

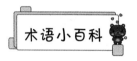

术语小百科

144

风险是指未来的不确定性，也就是说你从事某项活动后，这个活动带来的结果是不确定的。监止子摔玉的时候，不能确定会出现哪一种情况，所以他的行为带来的结果也是不确定的，是冒了风险的。经济学中，为什么投资或者买卖股票是高风险的行为呢？因为你在做投资或买卖股票时，这笔投资或这只股票能不能赚钱或能赚多少钱，都是无法确定的，所以投资和买卖股票充满了风险。

66. 不要把鸡蛋放在一个篮子里

　　被美国《财富》《福布斯》等财经杂志连续多年评为世界首富的微软主席比尔·盖茨，拥有的财富最多时达 800 多亿美元，除了总值达 700 多亿美元的微软公司股票之外，他把其他资产都放到了个人户头和两大基金上。

　　作为美国经济的一大神话，盖茨"敛财"的速度快得惊人，仅用 13 年就积累了如此庞大的资产，因此众多媒体常常将他神化，说他理财手段多么了得。那么他究竟有什么投资秘诀呢？美国《财富》杂志的记者在采访了盖茨的投资经理后披露，实际上这位世界首富在投资方式上并没有什么特别的方法，他同一般的美国人一样，采用一种分散风险的投资方式。

　　所谓分散风险的投资，简单理解就是把钱投到不同的地方以分散投资的风险。更形象的一个比喻就是：不要把鸡蛋放在同一个篮子里。假设我们把鸡蛋放在一个篮子里，如果篮子掉到地上，鸡蛋就会全部摔坏；但是如果我们把鸡蛋分别放在不同的篮子中，即使有一两个篮子摔了，其他鸡蛋还是完好无损的，这就降低了鸡蛋被摔坏的风险。

　　从上面的数据上我们看到，盖茨虽然把大部分的钱都投到了微软公司上，但剩下的钱分别买了债券、股票或者贷给了其他私人，这其实就是分散投资。事实上，自从微软的股票上市以来，盖茨平均每季度卖掉的微软股票达 500 万美元。此外他还捐出 7 600 万元微

软的股票用于慈善事业。最后他在微软的持股量从 13 年前的 44.8%
下降到不久前的 18.5%，这就使他逐步实现了分散投资的目标，减
小了投资所面临的风险。

我们从比尔·盖茨多年的投资行为可以知道，这位世界首富的投
资理念一直都遵循多样化投资、分散风险的策略，这就是比尔·盖茨
能够多年在世界富豪榜上位居第一的原因。

钱放在口袋里不用，其实是会贬值的，因为我们总是面临着通
货膨胀。或许大家会发现，越来越多的人不再把钱存进银行，而是
拿去投资，使得自己的资产保值甚至升值。但是在投资学里，最重
要的一个原则就是进行分散投资以降低投资中所面临的风险。

1981 年的诺贝尔经济学奖得主詹姆斯·托宾有一句非常经典的
话："不要把所有鸡蛋放在同一个篮子里。"这句话之所以经典，是
因为它讲述了投资时一个非常重要的道理：分散投资从而降低风险。
它告诉我们不要把所有的资本都投到一件事情上，应该做多手准备。
万一这个篮子里的鸡蛋打破了，也会有别的篮子里的鸡蛋剩下。这
告诫人们进行经济活动时不要孤注一掷，要多留几条后路。

67. 金融市场泡沫

400 年前的荷兰"郁金香事件"是广为人知的一次市场泡沫破灭事件。

所谓的泡沫，指的是由于人们过度投机，导致商品价格严重偏离其自身价值，先疯涨再猛跌的经济现象。

当时郁金香从土耳其传入西欧，善于开发的荷兰人很快就栽培出了更具观赏性的变种郁金香。物以稀为贵，这些郁金香球茎的价格也迅速上涨。在利益的驱动下，鲜艳的花朵成了投机的对象，许多人一夜暴富。于是，投资者们不分男女老少，都满怀期待，希望靠郁金香成为百万富翁。为此，不知有多少人高息贷款，放手一搏。

然而，此时泡沫经济突然展现了它的可怕之处。1637 年 2 月 4 日，价格已经严重脱离其实际价值的郁金香一夜之间变得像魔鬼一样恐怖。这一天，希望获得暴利的人们震惊地发现，郁金香的价格急剧下跌，市场几乎在转眼之间就崩溃了。那些背负着高额债务进行买卖的人，一下子变得一文不名、负债累累。许多人自杀，致使社会动荡不安。混乱的事态使得荷兰陷入了经济危机，郁金香制造了一起著名的"泡沫事件"。

凡是吹过肥皂泡的人都会被它的美丽所吸引，孩子们更是喜爱。不过，我们都明白，泡泡越大越圆越光鲜，破灭得也越快，而且这种破灭是瞬间发生的。在经济学里，也有一种现象和肥皂泡非常相似，那就是"泡沫经济"。

"郁金香事件"之后，人类经济史上的泡沫事件便频频发生。泡沫经济是指经济过热造成的不正常膨胀，价格往往先是反常地急剧上涨，到了最后，当其价格已经严重背离其实际价值时，又突然暴跌，资产猛然收缩，从而导致严重的经济危机。

泡沫经济的案例有很多。由于泡沫经济的影响面广、危害性大，世界上许多国家，包括经济正在迅速发展的中国，都在研究泡沫经济，探究它的深层机制，以便采取措施来预防或者降低它造成的不利影响。

148

华而不实，必不长久。古往今来，任何过度繁华的社会往往都潜藏着深刻的危机，泡沫经济也同样如此。到了现代社会，房地产泡沫和股票泡沫在经济全球化的背景下产生的危害更加严重、波及更加广泛，迫使各个国家高度重视，大力预防。

当经济泡沫破灭的时候，对经济的危害是巨大的。最近的泡沫危害就是2008年的金融危机，这场由美国房地产次级贷款市场泡沫破灭引起的危机使得全世界经济都陷入困境，很长时间才恢复过来。因此，我们需要努力防止经济泡沫的形成，避免酿成巨大的经济灾害。